Armas e números

Fabricio Rebelo

Armas e números
Guia rápido contra a manipulação

Armas e números: Guia rápido contra a manipulação
Fabricio Rebelo
1ª edição — abril de 2022 — CEDET
Copyright © by Fabricio Rebelo

Os direitos desta edição pertencem ao
CEDET — Centro de Desenvolvimento Profissional e Tecnológico
Av. Comendador Aladino Selmi, 4630, Cond. GR2 Campinas — módulo 8
CEP: 13069-096 — Vila San Martin, Campinas-SP
Telefone: (19) 3249-0580
e-mail: livros@cedet.com.br

Editor:
Thomaz Perroni

Editor-assistente:
Daniel Araújo

Revisão:
Leandro Costa

Preparação de texto:
Laís Toder

Capa:
Gabriela Haeitmann

Diagramação:
Thatyane Furtado

Conselho editorial:
Adelice Godoy
César Kyn d'Ávila
Silvio Grimaldo de Camargo

FICHA CATALOGRÁFICA

Rebelo, Fabricio.
Armas e números: Guia rápido contra a manipulação / Fabricio Rebelo — Campinas, SP: Vide Editorial, 2022.
ISBN: 978-65-87138-65-7

1. Controle de armas de fogo.
I. Título II. Autor.

CDD 363.33

ÍNDICE PARA CATÁLOGO SISTEMÁTICO
1. Controle de armas de fogo — 363.33

VIDE EDITORIAL – www.videeditorial.com.br

Reservados todos os direitos desta obra. Proibida toda e qualquer reprodução desta edição por qualquer meio ou forma, seja ela eletrônica ou mecânica, fotocópia, gravação ou qualquer meio.

SUMÁRIO

NOTA AO LEITOR • **9**

APRESENTAÇÃO • **13**

CAPÍTULO I
O verdadeiro marco legal desarmamentista • **19**

CAPÍTULO II
A vigência do Estatuto do Desarmamento
não reduziu homicídios no Brasil • **27**

CAPÍTULO III
A estatística dos não mortos • **33**

CAPÍTULO IV
Ritmo de crescimento de homicídios — ou a consagração
da futurologia projecionista como método • **45**

CAPÍTULO V
A real correlação entre venda de armas e homicídios • **55**

CAPÍTULO VI
Comércio legal de armas e o crime • **67**

CAPÍTULO VII
Os crimes passionais • **87**

CAPÍTULO VIII
Estudos desarmamentistas são maioria • **97**

CAPÍTULO IX
Os exemplos mundiais • **103**

CAPÍTULO X
Mentiras, mutação dos argumentos
e preparação para o futuro • **133**

BIBLIOGRAFIA • **137**

NOTAS • **139**

Esta obra é dedicada aos meus filhos, Felipe e Lara, para os quais nutro a esperança de uma longa vida em uma sociedade mais justa e, sobretudo, segura, na qual eu e Ive (mãe exemplar, sobre cujo amor incondicional se estabelece o alicerce da nossa família) ainda possamos os acompanhar pelo máximo de tempo que Deus permitir.

Nota ao leitor

Ao longo de mais de quinze anos realizando pesquisas na área de segurança pública, com ênfase na legislação sobre armas de fogo, firmei-me como crítico à designação da lei nº 10.826, de 22 de dezembro de 2003, como "Estatuto do Desarmamento". Esse não é o seu nome oficial, ao contrário, por exemplo, do que ocorre com outras normas, como a lei nº 8.906/94 — o Estatuto da Advocacia, a lei nº 8.069/90 — o Estatuto da Criança e do Adolescente, ou a lei nº 10.740/03 — o Estatuto do Idoso. Portanto, o rótulo de "estatuto" destinado ao desarmamento não é técnico, mas popular, e o conteúdo da norma extrapola tal finalidade, regulando a circulação de tais artefatos no Brasil e as infrações penais que com eles podem ser cometidas.

A origem dessa designação é claramente identificada no projeto legislativo de que deriva a lei: o PDS[1] nº 292/99, cujo objetivo era estabelecer serem "proibidos em todo o território nacional o fabrico, o depósito, o porte, o uso e o trânsito de armas de fogo", ressalvadas hipóteses excepcionais, ligadas às Forças Armadas e aos órgãos de segurança pública. Ou seja, o propósito do projeto de lei que resultou na aprovação da norma era, de fato, impor o desarmamento no Brasil, de modo rígido.

Embora o texto tenha sido bastante aperfeiçoado ao longo de sua tramitação, resultando em um conjunto de dispositivos que se destinam a regular toda a disciplina sobre a circulação e o uso de armas de fogo, a intenção desarmamentista se manteve explícita, pois fora preservado o objetivo de proibição, ainda que transmutado em uma consulta popular.[2] Justamente por isso, e mesmo após a rejeição àquela idéia de banimento, a designação popular da lei permaneceu, remetendo à proibição às armas e consagrando-a como "Estatuto do Desarmamento", em detrimento de uma "Lei de Controle de Armas" ou "Estatuto das Armas", dentre outras variações que igualmente lhe poderiam caber.

Essa atecnia foi a responsável por tornar-me adepto de não se designar a lei com essa nomenclatura popular, mesmo quando não se trata de ambientes jurídicos formais, pois isso reforçaria o seu viés proibicionista e poderia dificultar avanços regulatórios que não se destinassem ao seu próprio fortalecimento. No entanto, renegar que se trata de uma lei desarmamentista também poderia dar a falsa impressão de que ela não é tão ruim ou tão proibitiva, já que apenas "controla" ou "regulamenta" a circulação de armas e os crimes com elas cometidos, sem procurar desarmar a população, o que, em verdade, sempre foi o seu propósito.

Em abordagens jurídicas, sobretudo no ambiente judicial, não resta dúvida de que o rigor técnico faz com que a lei seja tratada apenas por sua nomenclatura oficial, a qual, neste caso, resume-se ao seu número; admitem-se, no máximo, referências à designação popular da lei, com clara identificação de que se trata disso (preferencialmente entre aspas). No entanto, fora de tais ambientes, chamar a norma por qualquer outra designação não alterará objetivamente o seu conteúdo ou propósito. Assim, é permitido o emprego da designação popular da lei como um recurso lingüístico utilizado conforme as conveniências do contexto.

Por isso, nesta obra, que tem o objetivo de apresentar uma análise técnica acessível a qualquer leitor e o de demonstrar, exatamente, que as políticas de restrição às armas não se sustentam em critérios científicos, a lei nº 10.826/03 será identificada por sua alcunha popular, que melhor resume o seu propósito e bem delineia a nossa abordagem. Aqui, pois, adotarei o nome popular da lei, o famigerado Estatuto do Desarmamento, mas buscarei destacar tal designação em sua formatação, para não se perder de vista que, em última análise, trata-se de uma verdadeira licença literária.

Apresentação

Não se pode fazer experiência ideológica no campo da segurança pública, pois isso faz do cidadão a cobaia; e, quando a experiência falha, é essa cobaia, o cidadão, que morre.

Em junho de 2012, numa audiência pública na Câmara dos Deputados, na qual defendia o porte de armas para colecionadores e praticantes do tiro desportivo, abri com as palavras acima a minha palestra. Meu objetivo era o de chamar a atenção da platéia para a gravidade do tema que ali seria abordado. Funcionou muito bem, e não só para o propósito inicialmente pensado.

Assim que terminei a minha exposição, nas habituais entrevistas para a *TV Câmara*[3] que sucedem a esses eventos, uma repórter me indagou se o Brasil cuidava da segurança pública fazendo experiências. Muito mais do que responder afirmativamente, passei a tentar demonstrar o quanto essas experiências resultaram em danos sociais, sobretudo aquelas voltadas ao controle de armas, e como, ainda assim, vinham sendo sucessivamente repetidas, com a mesma fórmula, mas sob a promessa de um resultado diferente. Nada do que falei foi ao ar. Meu depoimento foi cortado por uma edição que apenas enfatizava a minha posição a favor da legítima defesa. Mas, desde então, o assunto não saiu das minhas pesquisas. Era preciso demonstrar como a experiência brasileira foi desastrosa nessa área — e como ainda continua sendo.

Nos anos que sucederam àquela audiência pública, produzi diversos artigos sobre o tema, cuja relevância se fortaleceu enquanto eu selecionava os principais dentre eles para a coletânea *Articulando em Segurança: contrapontos ao desarmamento civil*,[4] publicada originalmente no início de 2016. Constatei que a narrativa desarmamentista que há muito se instaurou no Brasil é pautada, essencialmente, em verdadeiras fraudes estatísticas.

Àqueles que já têm mais familiaridade com o tema do controle de armas, especialmente os leitores da citada coletânea, é natural a percepção de suas origens reais, estabelecidas como mecanismo de controle social, cujos vínculos com a segurança pública foram construídos de modo artificial. No entanto, para os que não possuem esse conhecimento prévio, acaba sendo fácil se deixar levar por uma profusão de números, estatísticas, estudos ou mesmo simples alusões genéricas que supostamente comprovariam, de modo "insofismável", que o desarmamento é algo não só positivo, mas essencial.

Isso acontece porque, desde que o tema ganhou abrigo sob uma lei popularmente apelidada com o seu objetivo,[5] multiplicaram-se e repercutiram fortemente no Brasil várias compilações, teses e levantamentos de indicadores pelos quais se evidenciaria que, com a entrada em vigor daquela norma, toda a dinâmica homicida nacional passara a ser mais branda. A partir dela, conforme alegam essas produções, se os crimes não caíram — como originalmente chegou a se sustentar —, ao menos teriam "aumentado menos".

Mas há um grave problema com essa hipótese: do ponto de vista da metodologia científica, não haveria sequer meios de considerá-la como tal, pois são falsos os dados de observação de que derivam esses estudos. Em outros termos, em todo o histórico de acompanhamento de indicadores de homicídio no Brasil, não há um só intervalo que permita alcançar a conclusão de que restringir a circulação legal de armas tenha sido algo benéfico.

Desde o Mapa da Violência, que se notabilizou por assumir um viés ideológico precedente ao compromisso científico, até o atual Monitor da Violência, mantido por um conglomerado de mídia, passando por Atlas, Anuários, meta-análises e até tese de doutorado, tudo que se utilizou até hoje no país para estabelecer uma relação de causalidade entre a circulação de armas e a prática de crimes contém elementares erros de premissa. Em muitos desses trabalhos, não é raro não haver qualquer correlação causal entre as "provas" e as conclusões almejadas.

Este trabalho tem o propósito de evidenciar, de modo conciso e pontual, mediante uma análise crítica, pautada em números oficiais, indicadores criminológicos e metodologias de pesquisa, como tais erros procedimentais anulam as aludidas conclusões e, em vez de alçar os estudos que os contêm à condição de argumento científico, deveriam, isto sim, conduzir à sua pronta desconsideração. Em alguns casos, poderiam mesmo ser considerados como risíveis tentativas de manipulação.

Ao longo dos seguintes capítulos, a abordagem desses elementos busca evidenciar os equívocos metodológicos e da verdadeira "matemática do absurdo" que é utilizada como argumento. Tudo de modo simplificado, sem exigir do leitor qualquer incursão estatística aprofundada, sobretudo porque alguns desses equívocos são tão primários que não resistem à primeira linha de contestação — às vezes, nem mesmo à mera confrontação com o óbvio.

As confrontações estatísticas utilizadas nesta obra derivam das fontes oficiais de registro, especialmente o banco de dados DATASUS (vinculado ao Ministério da Saúde), onde são consolidadas todas as informações relativas à mortalidade intencional no país. Fontes secundárias ou pesquisas paralelas, desprovidas de chancela oficial, não foram consideradas para o estudo dos homicídios, justamente porque não se as pode comprovar por qualquer meio que abranja os critérios científicos de observação, experimentação e conclusão.

Nos primeiros seis capítulos, em que são abordados temas diretamente ligados à utilização de estatísticas na criação de narrativas a favor das restrições às armas, a exposição tem um cunho verdadeiramente utilitarista. Ao final desses capítulos, tabelas e gráficos, para facilitar a visualização das informações.

Porém, para além da confrontação de indicadores, a presente obra avança sobre algumas farsas narrativas que vêm sendo repetidas ao longo dos anos. Narrativas estas que não são pautadas em análises concretas, mas na pura concepção ideológica — quiçá preconceituosa — de quem as endossa, utilizando-se de números apenas como reforço lacônico, com expressões típicas dessa abordagem, a exemplo das consagradas "todos os estudos mostram", "as pesquisas indicam" ou "afirmam os especialistas". Nos capítulos que abordam esses temas, a utilização de informações estatísticas é inserida no próprio texto, como argumento desconstitutivo, convidando o leitor à reflexão, para que ele tire suas próprias conclusões a partir dos dados apresentados.

Algumas das abordagens contidas nos capítulos deste trabalho são aprofundamentos de temas já abordados, de modo mais superficial, em artigos anteriormente publicados, dentre os quais alguns textos que compuseram a coletânea *Articulando em Segurança — contrapontos ao desarmamento civil*. Por isso, é natural que, em alguns momentos, o leitor que já conheça aquela obra tenha uma a sensação de *déjà vu* ao se deparar com a temática aqui esmiuçada.

No entanto, ao contrário do que ocorria com os artigos daquela coletânea, que muitas vezes sofriam rígidas limitações de espaço, visto haverem sido previamente publicados em periódicos de mídia, nesta obra os temas puderam ser analisados com maior profundidade, trazendo detalhamentos inéditos e contextualizações inviáveis para aquele formato. Assim, passamos de colunas e textos de opinião para uma abordagem técnica, pormenorizada e crítica das falácias que sustentam o desarmamentismo nacional.

Ao terminar o livro, cada leitor terá um conjunto de argumentos que lhe permitirá contestar as fantasias mais comuns construídas em torno das restrições às armas, deixando claro que, para além de cobaias de um experimento social fracassado desde a sua origem, somos também alvo da manipulação e da deturpação dos resultados que sobre ele se estabelecem. Precisamos saber como nos proteger disso, desarmando as falácias que nos ameaçam.

CAPÍTULO I
O verdadeiro marco legal desarmamentista

No dia 23 de dezembro de 2003, foi publicada no Brasil a lei n° 10.826, nascida com a alcunha de Estatuto do Desarmamento, em razão do projeto de lei do qual se originara. Desde então, ela assumira no ordenamento jurídico nacional o posto de marco referencial para a análise dos efeitos sociais de políticas mais restritivas do acesso às armas de fogo.

Não é raro encontrar estudos, levantamentos e compilações que tragam o "antes e depois" da lei, com o declarado propósito de aferir se sua entrada em vigor foi ou não eficaz para conter os homicídios — e quase sempre se conclui que sim, mas não sem uma especial "pitada" de malabarismo estatístico. É o que ocorre, por exemplo, com o Mapa da Violência, o Anuário do Fórum Brasileiro de Segurança Pública e o Atlas da Violência, dentre outras análises que buscam sustentar a tese favorável às restrições.

A metodologia é sempre a mesma: dissecar dados de homicídios nos períodos anterior e posterior à publicação da norma e vincular qualquer redução — ou mesmo menor crescimento — a ela. O que pouco se vê, no entanto, é a análise crítica do seu conteúdo, sobretudo quando se trata de identificar que, embora ela seja intuitivamente tomada como marco legal referencial, não é a primeira lei brasileira com diretriz desarmamentista aprovada pelo Congresso Nacional e cujos efeitos precisam ser analisados de modo aprofundado.

O Estatuto do Desarmamento é a norma mais fortemente direcionada a limitar a circulação de armas de fogo em território brasileiro. Foi por ela que se instituiu a proibição geral ao porte desses artefatos, apenas com pontuais exceções (art. 6º), e a intenção de banir o comércio de armas no Brasil (art. 35) — o que somente não se implementou em face da rejeição maciça da população à idéia, manifestada no referendo de 2005.[6] Entretanto, sob o viés analítico do pragmatismo, não são essas disposições as que reúnem maior potencial de impacto na sociedade, para fins de reduzir a circulação de armamento entre os civis.

Qualquer norma jurídica de conteúdo limitativo ou proibitivo pode não produzir resultados práticos, pois sua eficácia somente será alcançada caso o desrespeito ao seu conteúdo seja punível. Imagine, por exemplo, se for editada uma lei que proíba as pessoas de saírem às ruas com roupas amarelas. Caso essa norma não tenha qualquer penalidade para quem a descumprir e todo aquele que sair com vestes dessa cor puder circular livremente, a proibição restará esvaziada e a norma se tornará, para usar uma expressão comum no Brasil, uma lei que "não pegou". No entanto, se todo aquele que sair com a cor proibida for multado ou, quem sabe, processado e preso, em pouquíssimo tempo ela será banida das vestimentas sociais.

Isso é absolutamente natural no universo das normas jurídicas, nas quais as previsões dispositivas, em si, não traduzem obrigações legítimas. Para além do mero senso moral, o que compele alguém a cumprir uma obrigação legal não é o seu altruísmo, mas as penalidades que se pode sofrer caso a lei seja desobedecida. Portanto, é a parte penal de uma legislação que faz com que suas disposições assumam força cogente: o indivíduo se vê compelido a cumprir a norma porque, caso não o faça, sofrerá sanções — multas, limitações de direitos, privação de liberdade, etc.

No Estatuto do Desarmamento, essa característica normativa é perfeitamente identificada. Ao lado das disposições sobre a obrigatoriedade de registro de todas as armas de fogo em circulação no país e da proibição ao seu porte, a partir do art. 12, a lei considera como crime o desrespeito a essas imposições. Assim, por exemplo, se alguém porta uma arma de fogo sem estar autorizado pela via excepcional, não apenas viola o estabelecido no art. 6° da lei, mas comete o crime de porte ilegal de arma de fogo, seja de uso permitido (art. 14), seja de uso restrito ou proibido (art. 16). São essas disposições penais que conferem força cogente (obrigatória) ao conteúdo propositivo da norma. Afinal, quem não observar aquelas exigências responderá pela prática de crime.

A partir de tal compreensão sobre a estrutura das leis com conteúdo proibitivo, torna-se possível identificar que, sob esse aspecto específico, o Estatuto do Desarmamento não inaugura proibições conceituais em relação à legislação que o precedeu: a lei n° 9.437, de 20 de fevereiro de 1997.

Embora praticamente esquecida pela maioria das análises que são realizadas a respeito dos efeitos da restrição legal ao acesso às armas, foi a lei n° 9.437/97 que instituiu a obrigatoriedade de registro para todas as armas de fogo circulando no Brasil (art. 3°); que estabeleceu uma autorização estatal formal para o porte de arma, apenas concedida mediante comprovação de efetiva necessidade (arts. 6º e 7º); e — aqui o mais relevante — que introduziu no sistema penal brasileiro os crimes de posse e porte ilegal de arma de fogo (art. 10).

Portanto, foi com a vigência de tal norma que todo aquele que possuía uma arma não registrada ou com ela circulava sem a autorização correspondente passara a ser enquadrado como criminoso. Essa é a legítima inauguração, no ordenamento jurídico nacional, das punições criminais para o desrespeito às proibições relativas às armas, o qual, até então, no máximo era tratado como mera contravenção penal[7], isto é uma infração de menor potencial ofensivo que, na esmagadora maioria dos casos, facilitava a que muitas pessoas simplesmente se armassem sem qualquer providência burocrática. Afinal, não estavam previstas punições significativas.

A forte limitação do acesso às armas de fogo — a criminalização da posse e do porte — não se encontra, pois, no Estatuto do Desarmamento, mas na lei que o antecedera. Portanto, para uma análise honesta dos efeitos de políticas desarmamentistas no cenário de violência criminal, deveria ser ela, e não aquele, o marco legal inicial. No entanto, isso jamais foi considerado pela maior parte dos estudos dedicados a esse tema — a totalidade dentre os realizados pelas ONGs "da paz" —, os quais, em verdade, têm ignorado a lei de maneira sistemática, conforme suas conveniências, como se ela jamais houvesse existido.

A explicação para essa omissão é simples. Se, em relação ao Estatuto do Desarmamento, foi possível elaborar uma intrincada construção narrativa, lastreada em verdadeiros malabarismos estatísticos, incluindo critérios projecionistas, para tentar convencer a população de que tal lei trouxe benefícios (argumento contra o qual hoje já se dispõe de base empírica para refutação), isso jamais poderia ser possível se fosse utilizado o efetivo marco histórico da lei n° 9.437/97.

Essa disposição normativa teve vigência entre fevereiro de 1997 e dezembro de 2003, justamente quando foi sucedida pelo Estatuto. Durante esse período, os homicídios cometidos com uso de armas de fogo no Brasil aumentaram significativamente, passando de 22.976 em 1996 (último ano antes da lei) para 36.115 em 2003 (último ano sob sua vigência): um incremento de 57,19% em pouco menos de sete anos, ou, na média aproximada, cerca de 8,17% de aumento ao ano.

Já no primeiro ano de sua vigência (1997), o aumento dos homicídios com emprego de arma de fogo em relação ao ano anterior foi de 6,39%, a partir de quando chegou a alcançar 14,73% em um ciclo de doze meses — entre 1999 e 2000. Em todo o período de aplicação da lei, não se estabeleceu um único intervalo de redução nos homicídios com arma de fogo, sendo o seu saldo correspondente a um incremento de 47,15% no cômputo de cada um dos anos em que ela produziu efeitos. Apenas para fins comparativos, no mesmo período de sete anos anteriores à vigência da lei (1990 a 1996, inclusive), a variação total alcançou 38,51%, isto é, 24% a menos.

A situação se revela ainda mais patente quando se observa um outro aspecto estatístico importantíssimo no acompanhamento de indicadores de criminalidade:[8] o de que a elevação dos patamares em números absolutos naturalmente conduz à diminuição dos percentuais de aumento. Estatisticamente, isso significa que quanto maiores forem os números absolutos, mais ocorrências serão necessárias para que se mantenham os mesmos percentuais de variação.

Por exemplo, se o marco referencial for de 40 mil homicídios e, no ano seguinte, houver 4 mil registros a mais, teremos um crescimento de 10%. Porém, já no ano subseqüente, com 44 mil registros como base (40 mil + 4 mil), o mesmo incremento de exatos 4 mil registros já representará 9,1% de elevação, e não mais os 10% anteriores. Portanto, quando se mantém uma elevação maior em percentuais, o cenário em números absolutos é ainda mais expressivo, representando uma quantidade significativamente maior de ocorrências.

Assim, se nos sete anos antes da lei n° 9.437/97 (1990–1996), a variação de 38,51% nos homicídios com armas de fogo representou 6.388 ocorrências a mais, nos sete anos posteriores (1997–2003), para alcançar 47,74% de variação, foram necessários nada menos que 11.670 novos assassinatos, ou seja, um número 82,7% maior.

Portanto, se a análise dos indicadores criminais referentes à vigência do Estatuto do Desarmamento já evidencia o fracasso das políticas antiarmas na contenção criminal, conforme se mostrará nos capítulos seguintes, a necessária inclusão da lei n° 9.437/97 nos critérios de avaliação reforça enormemente essa constatação. É inegável que, a partir da vigência da lei, com as inovações burocráticas e criminalizantes impostas ao acesso às armas de fogo, os homicídios cometidos com o uso de tais artefatos aumentaram significativamente, alcançando um crescimento total 24% maior do que no intervalo histórico anterior (38,51% x 47,74%).

Isso é o que explica a recalcitrante insistência em "esquecer" a lei n° 9.437/97 quando se busca defender políticas de desarmamento como instrumento eficaz do controle de criminalidade e a busca de outro marco analítico, ainda que artificial. Afinal, a lei que efetivamente burocratizou a posse e o porte de armas de fogo, criminalizando-as fora das regras procedimentais ali estabelecidas, comprovadamente não se fez acompanhar de qualquer redução nos homicídios por armas de fogo, mas de um substancial aumento. Por esse motivo, a lei torna-se o primeiro obstáculo à narrativa proibicionista.

Tratamento numérico e gráfico dos dados contidos neste capítulo:

HOMICÍDIOS COM ARMAS DE FOGO				
1990	16.588			
1991	15.759			
1992	14.785	Δ (n°) 6.388	Δ % 38,51	Média Anual: + 5,50 %
1993	17.002			
1994	18.889			
1995	22.306			
1996	22.976			
Lei n° 9.437, de 20 de fevereiro de 1997				
1997	24.445			
1998	25.674			
1999	26.902			
2000	30.865	Δ (n°) 11.670	Δ% 47,74	Média Anual: + 6,82 %
2001	33.401			
2002	34.160			
2003	36.115			

CAPÍTULO II
A vigência do Estatuto do Desarmamento não reduziu homicídios no Brasil

No capítulo anterior, vimos que o verdadeiro marco da legislação proibicionista às armas no Brasil corresponde à lei n° 9.437/97, que instituíra os crimes de posse e porte ilegal de arma de fogo. Contudo, diante da impossibilidade de se utilizar seus resultados para robustecer a narrativa desarmamentista, essa é uma lei verdadeiramente "esquecida", motivo pelo qual se passara a tomar o Estatuto do Desarmamento como ponto de partida para análises de indicadores. E ainda assim — mesmo desprezando o rigor técnico na tomada do marco analítico — a narrativa desarmamentista não se sustenta.

Todo aquele que já teve contato com o tema do desarmamento no Brasil certamente já ouviu ou leu a afirmação, entoada com o tom professoral de elevada tese científica, de que o Estatuto do Desarmamento reduziu a criminalidade, resultando num menor número total de homicídios já no primeiro ano de sua vigência, em 2004. A conta dessa alegação é direta: como os homicídios de tal ano foram 5% menores do que os de 2003, a eficácia do estatuto estava imediatamente comprovada. No entanto, ao contrário do que se insiste em afirmar, a análise dos indicadores nacionais de criminalidade jamais permitiu alcançar tal conclusão.

Para se analisar essa tese, faz-se necessário estabelecer a distinção conceitual entre correlação e causalidade — algo que, inclusive, será primordial para outros capítulos desta obra. Sem apego a preciosismos no campo da ciência estatística, pode-se bem resumir, *grosso modo*, que uma correlação se estabelece com o simples cômputo de variáveis distintas num mesmo período, ou seja, ela se limita a coletar dados em um recorte de tempo e apontar como cada um deles se comportou nesse intervalo (aumentou, diminuiu ou se manteve inalterado). E aí uma correlação se encerra. Já a causalidade é a busca pela explicação do comportamento das variáveis, ou seja, o apontamento da razão pela qual elas se estabeleceram de determinada maneira no intervalo pesquisado.

Portanto, correlação e causalidade não são a mesma coisa, e muitas vezes uma variação em nada pode impactar a outra. Ou seja, nem sempre dois indicadores que se comportaram de uma mesma forma durante um intervalo determinado terão um no outro a causa de sua variação.

Nos Estados Unidos, por exemplo, há um *site* que esclarece bem essa distinção, mostrando as mais inusitadas correlações para evidenciar que não existe nenhuma causalidade entre elas. Trata-se do *Spurious Correlations*[9] ("Correlações Espúrias", em livre tradução), idealizado pelo estudioso Tyler Vigen, doutor pela Universidade Harvard. No *site*, encontram-se correlações estabelecidas entre 1999 e 2009, com dados que, por exemplo, apontam que quanto mais o ator Nicolas Cage aparece em filmes, mais pessoas morrem afogadas em piscinas; que o maior consumo de queijo corresponde a mais pessoas mortas enroladas nos próprios lençóis; ou que, no estado do Maine, quanto menos as pessoas consomem margarina, menos os casais se divorciam. Todas são correlações baseadas em dados reais, mas que, obviamente, não possuem uma causalidade verdadeira. Ou seja: são dados que, de fato, em nada determinam o comportamento uns dos outros.

Voltando à realidade brasileira e ao prisma desarmamentista, essa distinção será primordial para entender a razão pela qual jamais se poderia atribuir ao Estatuto do Desarmamento um imediato efeito redutor dos homicídios.

Como já fora mencionado, a premissa dessa afirmação remete ao ano de 2004, o primeiro de efetiva vigência da então nova lei desarmamentista, promulgada em 23 de dezembro de 2003. Naquele ano, os indicadores oficiais brasileiros, compilados no sistema DATASUS, do Ministério da Saúde, registraram 48.374 homicídios — ou "agressões", como são lançados no aludido banco de dados. O quantitativo, de fato, foi menor que o do ano anterior, pois, em 2003, o mesmo rótulo contou com 51.043 registros. Assim, o primeiro ano de vigência do Estatuto correspondeu a uma redução da ordem de 5% nas mortes intencionais violentas, ou seja, mostrando que a premissa de correlação é verdadeira. A questão é: seria possível estabelecer também a relação de causalidade, ou seja, responsabilizar a lei por essa redução?

A resposta à indagação é negativa, pois a correlação, que bem se poderia chamar apenas de análise quantitativa dos números, em nada sustenta a relação de causa e efeito entre os fatores pesquisados. Isto é, uma análise qualitativa.

O grave erro nessa construção desarmamentista é ignorar que o Estatuto do Desarmamento é uma lei de objeto específico e delimitado. Ele restringe a circulação e o uso de armas de fogo, e apenas delas. Logo, ele se refere a delitos especificamente cometidos com armas dessa natureza, pois não há como se admitir que a restrição à circulação dessas armas afete também os crimes cometidos com outros meios.

Com efeito, dificultar o acesso a armas de fogo e sua circulação não impacta criminosos que delas não fazem uso. Um homicida que comete seus crimes com facas, por exemplo, não deixará de agir porque a posse de uma pistola se tornou mais difícil, ou porque possuí-la sem registro virou crime, do mesmo modo que assim não o farão aqueles que usam qualquer outro tipo de arma com objetivos homicidas, sejam eles instrumentos (pedras, bastões, ferramentas, garrafas, etc.), sejam meios e artifícios (veneno, afogamento, asfixia, água fervente) ou mesmo as próprias mãos. Se o crime não é cometido com emprego de arma de fogo, o Estatuto do Desarmamento não tem qualquer efeito sobre ele.

Assim, para que se possa mensurar com precisão o impacto surtido pela lei no panorama criminal, o dado a ser considerado jamais pode ser, isoladamente, o número total de homicídios; pois se a queda deste indicador resultar de crimes nos quais não há o emprego de armas de fogo, não se pode atribuir à lei nenhum vínculo de causalidade com essa variação. E é justamente aí que a análise concatenada dos índices de violência letal anula a idéia de que foi o Estatuto o responsável pela queda nos registros de mortes violentas intencionais.

Embora seja verdadeira a premissa (correlação) de que, no Brasil, o total de homicídios entre 2003 e 2004 reduziu de 51.043 para 48.374, correspondendo ao percentual negativo de 5,23%, a redução se operou de modo uniforme entre aqueles praticados com armas de fogo e os praticados por outros meios. Semelhante queda observada no número total de homicídios, na casa de

5%, se repetiu nas mortes específicas com arma de fogo (de 36.115 para 34.187) e — aqui o primordial — nos homicídios praticados com outros meios, que saíram de 14.928 para 14.187 registros. Ou seja, desprezando-se as mínimas variações decimais (5,23%, 5,34% e 4,96%), de 2003 para 2004 houve uma queda geral nos registros de letalidade intencional da ordem de 5%, independente de qual meio se tenha utilizado para matar.

Com isso, observando-se que a redução no número de mortes violentas se estabeleceu de modo global, isto é, abrangendo também crimes que não têm qualquer relação com armas de fogo, a responsabilidade (causalidade) por essa variação jamais poderia ser creditada ao Estatuto do Desarmamento. Até porque, se assim o fosse, seríamos forçados a acreditar que o fato de dificultar a circulação de um tipo específico de arma possui algum efeito místico, gerando, como que por mágica, uma alteração de conduta em quem dele não faz uso.

Considerando o intervalo pesquisado, o que se pode observar concretamente é que houve, no Brasil, uma variação conjuntural no indicador homicida, que em nada se explica pelo específico meio empregado para matar, mas por determinantes sociais da época pesquisada. Entre 2003 e 2004, a estruturação social brasileira, formada por inúmeros fatores típicos da dinâmica organizacional das sociedades, conduziu a um decréscimo planificado de mortes intencionais. E a então nova lei antiarmas simplesmente não pode ter sido a responsável por isso.

Desse modo, o grande argumento invocado reiteradas vezes a favor do Estatuto se revela integral e estatisticamente falso: se os homicídios caíram globalmente à ordem de 5% e esta foi a exata dimensão de redução nas duas categorias de interesse para a pesquisa — homicídios praticados com arma de fogo e homicídios praticados com outros meios —, torna-se materialmente impossível atribuir essa queda a uma lei cujo potencial de impacto incide exclusivamente sobre o primeiro grupo. Eis porque é extremamente necessária a distinção entre correlação e causalidade.

Tratamento numérico e gráfico dos dados contidos neste capítulo:

VARIAÇÃO DE HOMICÍDIOS							
ANO	TOTAL	Δ%	HAF	Δ%	O.M.	Δ%
2003	51.043	-5,2	36.116	-5,3	14.928	-5,0
2004	48.374		34.187		14.187	

HAF – Homicídios com armas de fogo
O. M. – Homicídios com outros meios

Variação de Homicídios

	2003	2004
TOTAL	51.043	48.374
HAF	36.116	34.187
OM	14.928	14.187

CAPÍTULO III
A estatística dos não mortos

Com a divulgação mais ampla de informações reais a respeito das restrições legais às armas, apontando que a lei n° 9.437/97 não foi sucedida de qualquer redução no número de homicídios e que o dito Estatuto do Desarmamento não pode ser creditado como responsável pelo decréscimo ocorrido em 2004, o segmento desarmamentista brasileiro passou a adotar outra estratégia: a da "futurologia estatística". Diante da inconveniência dos dados reais para a defesa da tese restritiva, passara-se a argumentar que, se a lei não servira efetivamente para reduzir os homicídios, ao menos ela impediu que eles aumentassem. Ou seja: sem o desarmamento, estaríamos numa situação ainda pior.

Em algumas áreas do conhecimento, notadamente as ligadas à economia e aos fenômenos climáticos, nas quais se consegue estabelecer ciclos de ocorrências previsíveis, as projeções de cenário encontram algum espaço para a definição de modelos. Entretanto, esse não é o caso da segurança pública, área em que os estudos e pesquisas precisam estar calcados em dados reais, a fim de se poder avaliar o que funciona e o que fracassa, e não o que "poderia ser". Tanto é assim que, internacionalmente, não se encontram exemplos de projeções de indicadores para respaldar qualquer tese que seja. Algo que, em verdade, bem poderia se tomar por risível, caso fosse tentado em espaços pautados pelo rigor científico.

No Brasil, porém, é diferente. O maior argumento para a defesa das leis desarmamentistas passou a ser a comparação do mundo real com um universo paralelo, no qual teríamos mais mortos do que atualmente temos e com o que se comprovaria a eficácia salvadora daquelas normas proibitivas. Trocando em miúdos, o Brasil inaugurou no cenário mundial a "estatística dos não mortos", isto é, aqueles indivíduos que, pelas projeções "científicas", deveriam ser assassinados, mas, graças ao Estatuto do Desarmamento, não o foram.

É essa projeção a responsável pela construção da teoria pela qual a dita lei teria salvado centenas de milhares de vidas. Já se falou em 200 mil, em 120 mil, mas o número que foi tomado como indicador padrão acabou sendo o de 160 mil vidas salvas pela lei. Seria essa a quantidade de mortes intencionais que a lei 10.826/03 teria diretamente evitado.

Para chegar a esse número, cuja apresentação, acompanhada de uma impactante representação gráfica, foi inserida no Mapa da Violência de 2016, a metodologia empregada fora a de calcular o ritmo de crescimento dos homicídios antes da lei ter entrado em vigor, projetá-lo para além dela e, a partir daí, confrontar as projeções com os números efetivamente registrados no país. A diferença entre esses valores representaria o número de vidas salvas.

Nesse propósito, os autores do estudo calcularam que, "no período de 1991 a 2003, utilizado como preditor, os HAF passaram de 15.759 para 36.115, um aumento de 129,2%, que equivale a um crescimento anual de 7,8%".
 A partir daí, projetaram o crescimento médio para os anos seguintes ao estatuto, alcançando o número de homicídios "esperado" em cada um deles.

Assim, de acordo com o Mapa, "seguindo o ritmo de crescimento observado entre os anos 1997 e 2003, em 2004 deveriam ser esperados 38.578 homicídios, mas, segundo os registros do Sistema de Informações Sobre Mortalidade (SIM), aconteceram 34.187". Conseqüentemente, pelo que ali se registrou, se poderia "deduzir que as políticas de controle das armas de fogo determinaram uma queda de 4.391 HAF, diferença entre os quantitativos previstos, isto é, os homicídios que deveriam ter acontecido no país no ano de 2004, e os efetivamente registrados pelo SIM nesse ano".

A par do completo absurdo científico de se utilizar um critério tão pueril para o cálculo dos "não mortos" e de se apurar o ritmo de crescimento de homicídios em um período (1991 a 2003) e depois aplicar outro intervalo na projeção (1997 a 2003), o fato é que, sejam quais forem os parâmetros adotados, a conta é estapafúrdia.

Em segurança pública, simplesmente não se trabalha com estatísticas de "não crimes". Toda a ciência moderna sobre o tema é pautada em indicadores objetivos, palpáveis, cuja conferência possa ser realizada por todo aquele que pretenda traçar diagnósticos reais. São desses indicadores, por exemplo, que se extraem as chamadas manchas criminais, que pontuam os delitos cometidos em um determinado espaço geográfico, permitindo ao Poder Público desenvolver políticas adequadas a cada um deles. Fora disso, tudo que resta é invencionice.

Dizer ser possível "esperar" certo número de homicídios é desconsiderar todas as variáveis sociais que impactam este indicador, a exemplo da evolução estrutural do sistema jurídico-penal, do Índice de Desenvolvimento Humano (IDH) no período, do momento socioeconômico do país, etc. São esses os pilares estruturantes que determinam a variação dos indicadores de criminalidade, não uma projeção matemática extraída de um devaneio sem conexão com o mundo real.

É fato que hoje já não existe mais o Mapa da Violência, e até seu domínio na rede mundial de computadores se encontra inativo. No entanto, o absurdo estatístico dessa projeção linear continua sendo invocado em debates sobre o controle de armas, apontado como argumento sólido em sua defesa e, infelizmente, ele muitas vezes ilude os que não detêm maior familiaridade com o assunto, pois possui um apelo gráfico fácil, o qual, num pequeno recorte de tempo, acaba por traduzir uma imagem chamativa ao senso comum. Porém, basta avançar só um pouco para além da imagem, para se notar a verdadeira matemática do absurdo que ela oculta.

A representação gráfica da projeção consiste, essencialmente, em duas linhas lançadas ao longo do intervalo entre os anos de 1997 e 2014 (cf. abaixo), formadas a partir da cisão, no ano de 2003, da evolução estatística dos indicadores de homicídio no Brasil. Em uma das linhas, mais acima, é registrada a dita projeção linear — ou os rotulados "homicídios previstos" —, calculada com base no tal "ritmo de crescimento" das mortes intencionais no país. Na outra linha, abaixo, seguem os homicídios efetivamente registrados. O intervalo entre elas representaria as vidas salvas.

Gráfico 11.1. HAF Previstos e Registrados (miles). Brasil. 1997/2014*

Registrados: 24,4; 25,7; 26,9; 30,9; 33,3; 34,2; 35,1; 34,2; 33,4; 34,9; 34,1; 35,7; 36,6; 36,7; 40,1; 40,4; 42,3

Previstos: 36,1; 38,6; 40,7; 42,8; 44,8; 46,9; 49,0; 51,1; 53,2; 55,3; 57,4; 59,5

Fonte: Processamento do Mapa da Violência 2016.
*2014: dados preliminares.

Àqueles mais familiarizados com estatística, o gráfico, apesar de largamente utilizado, apresenta uma manifesta impropriedade técnica: tendo uma projeção linear feita a partir de uma repetição percentual de incremento ao longo do tempo, resulta em valores absolutos em ordem de crescimento variável, e não uniforme. Em relação à escala do eixo vertical, tal projeção só poderia ser representada por uma parábola, jamais por uma linha ascendente. De qualquer modo, ainda que se despreze o rigor na representação gráfica, o ponto crucial a se observar é que ela pode funcionar em um reduzido intervalo, como o que foi utilizado no Mapa (isto é, abrangendo dezoito anos). No entanto, se a projeção for ampliada, a conta torna-se surreal.

Projeções percentuais uniformes, como a utilizada no gráfico, significam, em essência, admitir que um determinado fenômeno continuasse a se repetir indefinidamente, do mesmo modo que foi observado no período de análise. Ou seja, embora o gráfico termine em 2014, a premissa para sua elaboração é a de que a variável do crescimento imaginário dos homicídios seria sempre a mesma, conforme calculada no estudo, à razão de 7,8% ao ano. Com isso, pela tese de que resulta a projeção, a linha ascendente continuaria a crescer *ad infinitum*, sempre à mesma ordem percentual calculada nos anos anteriores, justamente aquela tomada como preditor estatístico.

Assim, se em 2003 — último ano antes da vigência do Estatuto — foram registrados oficialmente 36.115 homicídios com uso de armas de fogo (e o crescimento de homicídios vinha, desde 1991, resultando num incremento anual de 7,8%), em 2004 seriam "esperadas" 38.932 mortes intencionais nas mesmas circunstâncias.[10] Em 2005, seriam 41.969 mortes e, em 2006, pela mesma projeção, 45.242. Seguindo o mesmo ritmo preditor, em 2017 superaríamos a expressiva marca de 100 mil homicídios com arma de fogo (103.359) e, em 2048, seriam nada menos que 1.060.552. Ou seja: teríamos mais de um milhão de assassinatos com arma de fogo em um único ano.

Estendendo um pouco mais a projeção — e é exclusivamente disso que se trata —, chegaríamos a 2090 com o espantoso número de 24.861.070 homicídios praticados com uso de arma de fogo em um ano, ou seja, quase a população da Austrália, mais que a do Chile.

Sim, por mais absurdo que pareça, é exatamente nisso que a projeção das vidas salvas — ou a "estatística dos não mortos" — impõe que acreditemos.

Mas, claro, o exercício imaginativo desarmamentista ainda reserva um desfecho mais surreal. A extensão projecionista do cálculo contido no Mapa da Violência, estudo que verdadeiramente guiou as mais reconhecidas defesas antiarmas, embora já se mostre prontamente desarrazoada pelos números absolutos a que conduz — 25 milhões de homicídios por ano —, torna-se ainda mais absurda quando confrontada com um indicador, não de universos paralelos, mas do mundo real: a variação demográfica.

A população brasileira para o ano de 2016 (o mesmo ano em que fora publicada a inusitada edição do Mapa da Violência que criou a teoria das vidas salvas) foi estimada pelo IBGE em 207.229.234 pessoas, com um crescimento vegetativo calculado à ordem de 0,8% ao ano — já em tendência de queda.

Com o número total de homicídios anuais mantido na faixa de 60 mil, esse crescimento apontado pelo IBGE, de fato, não seria por eles afetado, sendo viável admitir que a taxa de incremento populacional continuasse positiva ao longo do tempo, variando conforme ali estimado. A questão, todavia, é que, com os homicídios com arma de fogo crescendo a uma taxa de 7,8% ao ano, tal como fora proposto pelo Mapa da Violência, já em 2057, quando aquela linha ao infinito apontaria para o espantoso quantitativo anual de 2.084.974 registros, esse único indicador analisado (HAF), isoladamente, já representaria inegável impacto no crescimento demográfico, tornando-o negativo.

Afinal, nessa conta, teríamos 257.263.494 habitantes ao final de 2056, aos quais se somariam, pelas projeções do IBGE, 2.058.108 habitantes em 2057, mas dos quais se imporia abater (com o perdão pela dúbia expressão) os 2,08 milhões de assassinatos apenas com armas de fogo, o que resultaria, ao final desse ano, numa população de 257.236.628. Ou seja, passaríamos a ter uma redução populacional ocasionada diretamente pelos homicídios com armas de fogo.

Assim, em menos de quarenta anos, desconsiderando todas as outras formas de homicídio que não sejam os cometidos com armas de fogo, a festejada projeção desarmamentista nos conduziria, num único ano, à eliminação de mais de 8% da população brasileira. E isso ainda não é o que se pode extrair de pior desse malabarismo estatístico. Prosseguindo no mesmo ritmo de crescimento — tanto dos homicídios projetados, quanto da população —, em 2090 chegaríamos a 24.861.070 assassinatos com arma de fogo — quase 25 milhões de crimes por ano, 2,07 milhões por mês, 69,05 mil por dia, 2,87 mil por hora!

Em 2089, já contabilizando milhões de homicídios anuais praticados exclusivamente com armas de fogo, a população brasileira seria de apenas 18.223.843 pessoas. Como não haveria gente suficiente para morrer no propósito de confirmar a projeção do Mapa, 2090 seria o nosso "ano da extinção" — e ainda ficaríamos "devendo" cerca de 6,5 milhões de homicídios.

Assim, mesmo sem um grande esforço analítico, não é difícil perceber que acreditar na "teoria das vidas salvas pelo desarmamento" no Brasil implica considerar que, se não fosse por ele, em menos de um século a nossa população seria simplesmente erradicada. E lembre-se de que só estamos considerando os homicídios cometidos com uso de armas de fogo.

Trata-se, portanto, de uma tese a que não se pode apenas atribuir a pecha de flagrante desonestidade intelectual, mas que é simplesmente absurda. Uma conta que deveria apenas ser considerada como algo risível, em vez de pautar matérias veiculadas pela grande mídia, debates e até servir como fundamento para decisões judiciais e posições sobre projetos de lei. Porém, como se tem constatado ao longo dos últimos anos, é justamente a esses propósitos a que ela tem servido, com forte empenho para que o cidadão comum acredite na tese, inclusive sob o inacreditável rótulo de "o mais sério estudo já feito sobre o tema". Mas trata-se de um puro devaneio matemático, de uma ciência de dementes.

Tratamento numérico e gráfico dos dados contidos neste capítulo:

PROJEÇÃO HAF A 7,8% AO ANO						
2003	2004	2005	2006	2007	2008	2009
36.115	38.932	41.969	45.242	48.771	52.575	56.676
2010	2011	2012	2013	2014	2015	2016
61.097	65.862	71.000	76.538	82.508	88.943	95.881
2017	2018	2019	2020	2021	2022	2023
103.359	111.422	120.112	129.481	139.581	150.468	162.204
2024	2025	2026	2027	2028	2029	2030
174.856	188.495	203.198	219.047	236.133	254.551	274.406
2031	2032	2033	2034	2035	2036	2037
295.810	318.883	343.756	370.569	399.473	430.632	464.222
2038	2039	2040	2041	2042	2043	2044
500.431	539.465	581.543	626.903	675.802	728.514	785.338
2045	2046	2047	2048	2049	2050	2051
846.595	912.629	983.814	1.060.552	1.143.275	1.232.450	1.328.581
2052	2053	2054	2055	2056	2057	2058
1.432.211	1.543.923	1.664.349	1.794.168	1.934.113	2.084.974	2.247.602
2059	2060	2061	2062	2063	2064	2065
2.422.915	2.611.903	2.815.631	3.035.250	3.272.000	3.527.216	3.802.339
2066	2067	2068	2069	2070	2071	2072
4.098.921	4.418.637	4.763.291	5.134.827	5.535.344	5.967.101	6.432.534
2073	2074	2075	2076	2077	2078	2079
6.934.272	7.475.145	8.058.207	8.686.747	9.364.313	10.094.729	10.882.118
2080	2081	2082	2083	2084	2085	2086
11.730.924	12.645.936	13.632.319	14.695.639	15.841.899	17.077.567	18.409.618
2087	2088	2089	2090			
19.845.568	21.393.522	23.062.217	24.861.070			

EVOLUÇÃO PROJETADA PELO MAPA DA VIOLÊNCIA 2016 NOS HOMICÍDIOS POR ARMA DE FOGO (HAF) E SEU IMPACTO NA POPULAÇÃO BRASILEIRA

ANO	HAF	POPULAÇÃO	ANO	HAF	POPULAÇÃO
2003	36.115	181.800.000	2034	370.569	235.186.187
2004	38.932	183.072.600	2035	399.473	236.668.203
2005	4-1.969	184.354.108	2036	430.632	238.130.916
2006	45.24-2	185.644.587	2037	464.222	239.571.742
2007	48.771	186.944.099	2038	500.431	240.987.884
2003	52.575	188.252.708	2039	539.465	242.376.323
2009	56.676	189.570.477	2040	581.543	243.733.791
2010	61.097	190.732.694	2041	626.903	245.056.758
2011	65.862	192.258.556	2042	675.802	246.341.410
2012	71.000	193.796.624	2043	728.514	247.583.627
2013	76.538	201.032.714	2044	785.338	248.778.958
2014	82.508	202.768.562	2045	846.595	249.922.595
2015	88.943	204.450.649	2046	912.629	251.009.346
2016	95.881	207.229.234	2047	983.814	252.033.607
2017	103.359	208.783.708	2048	1.060.552	252.989.324
2013	111.422	210.342.557	2049	1.143.275	253.869.964
2019	120.112	211.905.185	2050	1.232.450	254.668.473
2020	129.481	213.470.945	2051	1.328.581	255.377.240
2021	139.581	215.039.132	2052	1.432.211	255.988.047
2022	150.468	216.608.977	2053	1.543.923	256.492.028
2023	162.204	218.179.644	2054	1.664.349	256.879.615
2024	174.856	219.750.225	2055	1.794.168	257.140.484
2025	188.495	221.319.732	2056	1.934.113	257.263.494
2026	203.198	222.887.092	2057	2.084.974	257.236.628
2027	219.047	224.451.141	2053	2.247.602	257.046.919
2028	236.133	226.010.617	2059	2.422.915	256.680.379
2029	254.551	227.564.151	2060	2.611.903	256.121.919
2030	274.406	229.110.258	2061	2.815.631	255.355.263
2031	295.810	230.647.330	2062	3.035.250	254.362.855
2032	318.883	232.173.625	2063	3.272.000	253.125.758
2033	343.756	233.687.258	2064	3.527.216	251.623.549

ANO	HAF	POPULAÇÃO	ANO	HAF	POPULAÇÃO
2065	3.802.339	249.834.198	2078	10.094.729	186.589.521
2066	4.098.921	247.733.951	2079	10.882.118	177.200.119
2067	4.418.637	245.297.186	2080	11.730.924	166.886.796
2063	4.763.291	242.496.273	2081	12.645.936	155.575.955
2069	5.134.827	239.301.415	2082	13.632.319	143.188.244
2070	5.535.344	235.680.483	2083	14.695.639	129.638.110
2071	5.967.101	231.598.826	2084	15.841.899	114.833.316
2072	6.432.534	227.019.083	2085	17.077.567	98.674.415
2073	6.934.272	221.900.963	2086	18.409.618	81.054.193
2074	7.475.145	216.201.026	2087	19.845.568	61.857.058
2075	8.058.207	209.872.427	2088	21.393.522	40.958.393
2076	8.686.747	202.864.660	2089	23.062.217	18.223.843
2077	9.364.313	195.123.264	2090	24.861.070	-6.491.436

1. Crescimento de HAF a 7,8% ao ano, como proposto no Mapa da Violência 2016.
2. Crescimento populacional a 0,8% ao ano, taxa apurada pelo IBGE (desprezando-se a tendência de queda). Incremento populacional considerando os HAF a partir de 2016.
3. Levantamento: Centro de Pesquisa em Direito e Segurança - CEPEDES.

Projeção de HAF a 7,8% ao ano

* Registro oficial para o ano de 2003, tomado como marco.

População X HAF (Brasil)

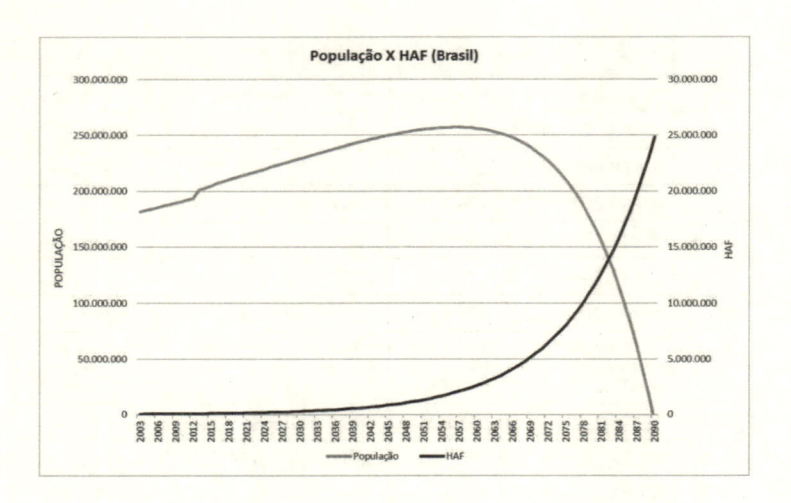

CAPÍTULO IV
Ritmo de crescimento de homicídios — ou a consagração da futurologia projecionista como método

Não bastasse a tese absurda das vidas salvas pelo desarmamento, com a invocação *sui generis* da estatística dos não mortos, vista no capítulo anterior, a defesa das restrições legais às armas no Brasil parece nutrir forte atração por métodos de previsão do futuro. Se a projeção que conduziria à extinção populacional do Brasil até 2090 é tomada por muitos como determinante para o encerramento da veiculação do Mapa da Violência (lançado que foi ao descrédito por encampar algo de tal natureza), não se pode dizer que ela não tenha deixado um forte legado.

É isso que se pode extrair do sucessor do Mapa, rotulado "Atlas da Violência", veiculado pela ONG Fórum Brasileiro de Segurança Pública e pelo IPEA (Instituto de Pesquisa Econômica Aplicada), que passou a adotar o mesmo sistema de análise, ainda que tenha buscado disfarçá-lo. Nesse caso, o objeto de estudo não consistira no total de homicídios, mas no percentual de utilização de armas de fogo para a sua prática.

Sob o uso da mesma metodologia analítica projecionista, o tema apareceu na edição 2018 do aludido Atlas, em que foram analisados os dados relativos ao ano de 2016. Ali, com o mesmo propósito de defender o Estatuto do Desarmamento, ainda que contra a realidade, sugere-se expressamente ter sido tal lei a responsável por barrar o crescimento da participação das armas de fogo nos homicídios — único parâmetro genuinamente válido para a análise dessa questão e que, como veremos em capítulo seguinte, na verdade sofrera uma redução quando havia mais armas legais circulando.

Nesse sentido, ao analisar o uso de armas de fogo na prática da violência letal, o Atlas registra a seguinte afirmação, repetida inúmeras vezes em outros espaços como um robusto argumento:

> Uma verdadeira corrida armamentista que vinha acontecendo desde meados dos anos 1980 só foi interrompida em 2003, quando foi sancionado o Estatuto do Desarmamento. O fato é que, enquanto no começo da década de 1980 a proporção de homicídios com o uso da arma de fogo girava em torno de 40%, esse índice cresceu ininterruptamente até 2003, quando atingiu o patamar de 71,1%, ficando estável até 2016. Naturalmente, outros fatores têm que ser atacados para garantir um país com menos violência, porém, o controle da arma de fogo é central (pp. 4 e 5).

Ainda que apareça com uma sutileza maior do que a utilizada no Mapa da Violência, a afirmação é clara: não fosse o Estatuto do Desarmamento, o uso de armas de fogo nos homicídios continuaria crescendo após 2003, como ocorrera entre 1980 e aquele ano, o que justificaria a constatação de ser o controle desses artefatos o fator central a ser considerado. Mesmo não se adotando essa nomenclatura, trata-se de mais uma projeção. E, tal como ocorrera com a esdrúxula projeção do quantitativo de mortos com arma de fogo, a nova futurologia do Atlas de Violência esbarra na realidade, sobretudo na ciência matemática.

Se é fato que a proporção de homicídios com arma de fogo saiu de 40% na década de 1980, cresceu até 71,1% em 2003 e continuaria a crescer se não fosse o Estatuto do Desarmamento, forçosamente também haveria de ser fato que, não fosse por essa lei, já em 2025 mais de 100% dos homicídios seriam cometidos com arma de fogo!

A conta por trás da projeção do Atlas é simples. De 1980 a 2003 há um intervalo de 23 anos, no qual o uso de armas de fogo nos assassinatos, alegadamente, subiu de 40% para 71,1%. Ou seja, um crescimento total de 31,1 pontos percentuais, divididos ao longo de 23 anos, o que resulta na média aritmética de 1,35 ponto percentual ao ano. Logo, se o Estatuto é o responsável por frear esse crescimento, o que se está afirmando é que, sem ele, tal porcentagem continuaria aumentando após 2003. Porém, um crescimento de 1,35 ponto percentual nos homicídios com arma de fogo a cada ano, a partir do indicador de 71,1% em 2003, implica que em 2025 as armas de fogo responderiam por exatos 100,8% dos homicídios (vide tabela ao final do capítulo).

Como se pode ver, a idéia por trás de mais esse argumento projecionista é integralmente insustentável, não por qualquer critério de análise de fenômenos sociais, mas pelo confronto direto com a própria frieza objetiva dos números. Apesar disso, há algo de proveitoso no Atlas.

Em que se pese utilizar a metodologia da participação de armas de fogo nos crimes em um universo projetado, a análise acerta ao escolher esse critério como indicador de referência para mensurar os efeitos do controle de armas no panorama de criminalidade letal. A correção a ser feita é que ela deveria usar esse critério em relação ao mundo real, isto é, a partir dos registros oficialmente disponíveis.

Com efeito, tratando-se de um fator específico de análise (uso de armas de fogo), o único indicador válido para se apurar os reflexos sociais da legislação sobre ele no cenário de interesse será, de fato, sua participação no todo pesquisado. Isso porque, embora o total de crimes letais esteja sujeito a variações motivadas por diversos fatores, ele sempre servirá como referencial para se quantificar a participação de determinado meio em sua contabilização. Assim, sejam 10 mil ou 100 mil registros de homicídios, será possível identificar em quantos deles foram usadas armas de fogo, calculando seu percentual de emprego e, a partir daí, estabelecendo se elas estão mais ou menos presentes nesses delitos. Sempre, porém, a partir de números concretos disponíveis para apuração.

Concretamente, encontram-se computados no DATASUS todos os registros de homicídio consolidados no Brasil até o ano de 2019, ou seja, compondo um intervalo de 16 anos sob a vigência do Estatuto do Desarmamento, o qual foi publicado em 23 de dezembro de 2003, passando a produzir efeitos estatísticos no ano seguinte (2004). Assim, para saber o impacto real do Estatuto do Desarmamento na prática de homicídios com uso de armas de fogo, comparam-se os indicadores dos dezesseis anos a ele anteriores com os dos dezesseis posteriores.

Se essa confrontação demonstrar que o uso de armas de fogo nos homicídios foi reduzido, a conclusão será a de que a lei está alcançando o seu declarado propósito, impedindo o uso homicida de tais artefatos, e contribuindo para a redução da violência criminal. Se, porém, os números evidenciarem que, apesar da lei, não houvera redução da participação das armas de fogo nos homicídios — ou, pior, que essa participação vem aumentando — torna-se integralmente refutada a possibilidade de sua eficácia na contenção dos assassinatos.

Firmada essa premissa básica de análise, os anteditos registros do DATASUS revelam que, entre 1988 e 2003, foram registrados no Brasil 601.680 homicídios, dos quais 364.082 praticados com o emprego de armas de fogo. Ou seja, nos dezesseis anos anteriores ao Estatuto, as armas de fogo respondiam por 60,51% dos homicídios. Já nos dezesseis anos subseqüentes à lei, o espantoso total de homicídios registrados em solo brasileiro fora de 854.607 ocorrências, das quais nada menos do que 611.510 relativas a crimes com uso de armas de fogo, o que resulta no percentual de 71,55%.

Após o Estatuto do Desarmamento as armas de fogo são usadas em 71,55% dos homicídios; antes dele, elas respondiam por 60,51% dessa variante. Portanto, houve um aumento de 18, 24% (ou 11,04 pontos percentuais). Eis a conclusão empírica da confrontação dos dados.

Além disso, também se identifica que o crescimento dos homicídios com armas de fogo no mesmo período é mais de 60% maior do que o do total de homicídios. Entre os 601.680 registros nos dezesseis anos antes do Estatuto e os 854.607 no período posterior, há uma variação de 42,04% no total de homicídios, ao passo que aqueles especificamente cometidos com armas de fogo, saltando de 364.082 para 611.510, aumentaram 67,96%.

Esses são os dados que devem ser analisados para se aferir os efeitos da lei nos indicadores criminais, e não qualquer projeção de uma realidade imaginária, utilizada segundo certas conveniências. A objetividade dos números é patente, e ela destrói qualquer fantasia ideológica que busca na futurologia elementos para uma inexplicável insistência em defender um mecanismo desarmamentista, cujos resultados são inquestionavelmente negativos.

Reduzir drasticamente a circulação de armas no Brasil não diminuiu os homicídios praticados com elas, não impediu que o número desses homicídios crescesse e não reduziu seu ritmo. Ao contrário, o que se registra objetivamente é que, depois de tais restrições, as armas são mais usadas em homicídios e esse tipo de crime continua crescendo muito acima dos outros. O resto só é mesmo uma fantasia.

Tratamento numérico e gráfico dos dados contidos neste capítulo:

a) Projeção do crescimento percentual de homicídios com arma de fogo (HAF):

MATRIZ ANALÍTICA					
Intervalo	1980	A	2003	=	23
Variação (%)	40	A	71,1	=	31,1
Média (ao ano)	1,35				

ANO	%HAF	ANO	%HAF
2003	71,1	2015	87,3
2004	72,5	2016	88,7
2005	73,8	2017	90,0
2006	75,2	2018	91,4
2007	76,5	2019	92,7
2008	77,9	2020	94,1
2009	79,2	2021	95,4
2010	80,6	2022	96,8
2011	81,9	2023	98,1
2012	83,2	2024	99,5
2013	84,6	2025	100,8
2014	85,9	2026	102,2

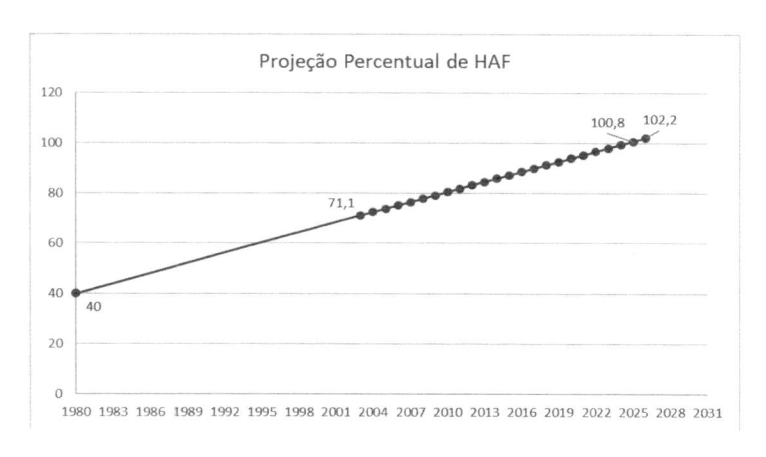

Projeção Percentual de HAF

b) Participação real das armas de fogo em homicídios:

ANOS	TH	HAF	ESTATUTO DO DESARMAMENTO	ANOS	TH	HAF
1988	23.357	10.735		2004	48.374	34.187
1989	28.757	13.480		2005	47.578	33.419
1990	31.989	16.588		2006	49.145	34.921
1991	30.566	15.759		2007	47.707	34.147
1992	28.387	14.785		2008	50.113	35.676
1993	30.586	17.002		2009	51.434	36.624
1994	32.603	18.889		2010	52.260	36.792
1995	37.129	22.306		2011	52.198	36.737
1996	38.894	22.976		2012	56.337	40.077
1997	40.507	24.445		2013	56.804	40.369
1998	41.950	25.674		2014	59.681	42.755
1999	42.914	26.902		2015	58.138	41.817
2000	45.360	30.865		2016	61.143	44.475
2001	47.943	33.401		2017	63.748	47.510
2002	49.695	34.160		2018	55.914	41.179
2003	51.043	36.115		2019	44.033	30.825
Σ	601.680	364.082		Σ	854.607	611.510
% HAF	60,51			% HAF	71,55	

Percentual de homicídios com arma de fogo

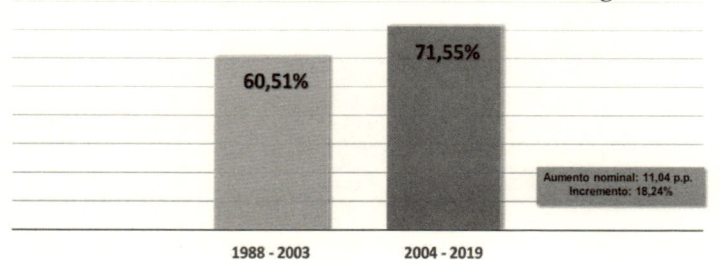

- 1988 - 2003: 60,51%
- 2004 - 2019: 71,55%

Aumento nominal: 11,04 p.p.
Incremento: 18,24%

Variação TH e HAF

	TH	HAF
1988 - 2003	601.680	364.082
2004 - 2019	854.607	611.510
Variação	+ 42,04%	+ 67,96%

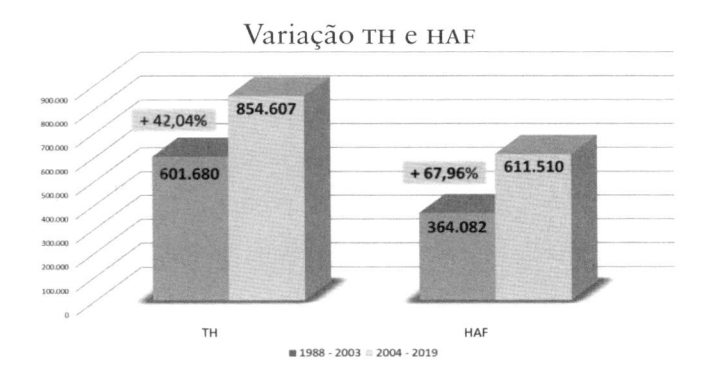

TH - Total de homicídios
HAF - Homicídios com a arma de fogo
Fonte: DATASUS / TABNET - Levantamento: CEPEDES

CAPÍTULO V
A real correlação entre venda de armas e homicídios

"Mais armas, mais crimes" é, sem dúvida, a idéia que mais se escuta nos meios desarmamentistas já ao longo de décadas de discussão. Em qualquer circunstância em que surja o tema do controle de armas, a frase é entoada como um verdadeiro mantra, numa espécie de transe psicodélico, quando o que se diz não precisa guardar correspondência com o mundo real. É um dogma que não pode ser questionado, muito menos desconstruído; já servira até de base para uma festejada tese de doutorado, na qual se tentara mostrar que o percentual de aumento nos homicídios era proporcional a cada aumento na venda de armas, mesmo que nenhum intervalo de análise dos indicadores jamais tenha sustentado o que ali se propôs. De fato, é só por trás dessa carcaça retórica, que tenta esconder sua contradição, que a teoria sobrevive.

O espectador mais atento às abordagens midiáticas certamente já pôde constatar que, com raras exceções, as matérias sobre o tema são orquestrações bem engendradas em torno de uma narrativa parcial, em que o espaço é franqueado para todos aqueles que, sob o rótulo de "especialistas", se proponham a cravar a existência de uma correlação direta entre armas em circulação e homicídios. Não é preciso comprovar a alegação, tampouco explicar por quais razões os indicadores oficiais apontam o exato oposto. Basta entoar a "cantilena" e o espaço é garantido. O fenômeno, aliás, é bem demonstrado em duas excelentes obras do pesquisador John Lott Jr. — provavelmente o maior especialista no assunto em todo o mundo —, justamente escritas após a publicação de seu *best-seller Mais armas, menos crimes*, no qual ele apontou, com números extraídos de extensas pesquisas, que tal correlação era insustentável.

Aqui no Brasil, a obra de referência de Lott sofrera um verdadeiro boicote, a ponto de sua tradução para o português exigir que a afirmação do título se tornasse uma indagação, acrescentando-se um pueril ponto de interrogação ao seu final, para dar a impressão de que o autor não afirmava a sua tese, mas apenas a apresentava como possibilidade. A alteração no título, porém, não muda suas conclusões, assim como o mantra em sentido oposto não tem absolutamente nenhum poder de alterar os indicadores oficiais registrados. E é deles, do espelho do mundo real, que vêm as informações que jogam por terra toda a narrativa dogmática de "mais armas, mais crimes".

Os indicadores de criminalidade no Brasil sofrem certas variações metodológicas regionais, tendo em vista que, embora exista uma orientação nacional, as secretarias de segurança pública podem adotar critérios próprios para a rotulação dos delitos, afetando sua quantificação, inclusive em face do fenômeno das subnotificações. É justamente por isso que todo levantamento estatístico criminal no Brasil se pauta nos registros de homicídios do DATASUS, um banco de dados oficial, vinculado ao Ministério da Saúde e alimentado diretamente a cada expedição de um atestado de óbito, atrelado à *causa mortis*, para a qual os homicídios recebem a identificação de "agressões".

O critério culmina por ser o mais confiável por duas razões essenciais: a primeira é que, como o homicídio gera um cadáver, torna-se muito mais difícil ignorar sua existência, reduzindo muitíssimo a possibilidade de uma subnotificação. A segunda se atrela ao fato de que, sendo um cadastro vinculado ao Ministério da Saúde, com atuação descentralizada nas secretarias estaduais e municipais, o cômputo se dá por óbito, e não pelo registro criminal junto à polícia.

No entanto, o maior mérito do DATASUS é o de ser um portal público, cujos dados podem ser conferidos por qualquer pessoa, ainda que isso exija um pouco de empenho, por vezes ausente nos autoproclamados especialistas em segurança. Nesses dados, disponibilizados desde o ano de 1979 e com o acompanhamento evolutivo de variação desde 1980, encontram-se as reais balizas para a análise do histórico de homicídios no Brasil. São esses dados que podem ser confrontados com outras variáveis, como o advento de leis ou — aqui o mais importante — a venda de armas, tantas vezes apurada e divulgada pela própria mídia.

Isso, inclusive, permite o estabelecimento de alguns interessantes exercícios de desconstrução associativa. A partir de 1980, por exemplo, a maior variação positiva nos homicídios registrados no país se estabeleceu entre os anos de 1988 e 1989, quando tal indicador variou de 23.357 para 28.757, num incremento de 23,12%. Se adotada, nesse intervalo, a mesma lógica associativa direta que se buscou utilizar para defender que o Estatuto do Desarmamento reduziu homicídios em 2004, logo se chegará à "conclusão" de que, se o estatuto foi o verdadeiro pacificador, a Constituição Federal, promulgada em 05 de outubro de 1988, seria a norma brasileira mais "assassina". Afinal, logo no ano seguinte ao seu advento, os homicídios "explodiram" consideravelmente.

Embora o exemplo sirva bem para evidenciar o absurdo criado pela correlação direta, não é a ele que devemos voltar as nossas atenções, e sim à variação oposta, isto é, a de redução dos homicídios.

Em toda a série histórica compilada no DATASUS, a maior redução de homicídios já registrada ocorreu em 2019. Naquele ano, foram computadas 44.033 mortes intencionais, número 21,25% menor do que no ano anterior (2018), quando haviam sido registradas 55.914. É o menor quantitativo desde 1999 (com 42.914). A segunda maior variação negativa da série histórica havia se estabelecido, justamente, no próprio ano de 2018, com 12,29% homicídios a menos em relação a 2017 — quando se registrou 63.748. O intervalo compreendido pelos anos de 2018 e 2019, portanto, acumula uma sucessão de recordes na redução de homicídios no Brasil, da ordem de 33,54% em um biênio consecutivo (12,29% + 21,25%).

A redução foi ainda maior nos homicídios cometidos com emprego de arma de fogo: os 30.825 registros de 2019 representaram um decréscimo de 25,14% em relação a 2018, no qual também estava o recorde anterior nesse indicador, de menos 13,33% no comparativo com 2017 (47.510 para 41.179). É também o menor número absoluto em quase duas décadas: desde o ano 2000 o cômputo se estabelecia acima desse patamar. Outra marca significativa revelada pelo DATASUS para esse período fora a participação das armas de fogo nos homicídios em 2019: 70%, algo que não ocorria desde 2002.

Com reduções tão expressivas nos indicadores homicidas e, sobretudo, nos crimes praticados com armas de fogo, seria natural, de acordo com a correlação direta que tanto se defende entre armas e crimes, que esse período também houvesse correspondido a uma forte redução na circulação de armas. Porém, a realidade é exatamente oposta a isso.

Os anos de 2018 e 2019 correspondem à quebra absoluta de todos os recordes nas vendas de armas no Brasil, graças a um aperfeiçoamento normativo iniciado ainda em 2018, corrigindo uma flagrante ilegalidade que por aqui imperava desde 2004. Para entender isso melhor, é necessário revisitar a lei nº 10.826/03 (o malsinado "estatuto"), para se apurar a sistematização ali adotada acerca do controle de armas.

No que diz respeito ao acesso às armas de fogo, a disciplina legal adotada no Brasil consagra a tutela a duas relações específicas: uma estática e uma dinâmica. A relação estática, mais restrita, é a que se estabelece pela posse de arma, que se traduz, na exegese dos arts. 5º e 12 da lei nº 10.826/03, no direito de seu proprietário "manter a arma de fogo exclusivamente no interior de sua residência ou domicílio, ou dependência desses, ou, ainda, no seu local de trabalho, desde que seja ele o titular ou o responsável legal pelo estabelecimento ou empresa". Já o porte de arma, mais amplo, configura a relação dinâmica do agente com o artefato, englobando toda conduta que não se enquadre nas limitações da posse, como deixa claro a leitura dos arts. 14 e 16 da mesma norma. Ou seja: é o direito de andar armado.

A partir de tal distinção, observa-se que a lei nº 10.826/03 permite a posse de armas no país, fixando, em seu art. 4º, os requisitos para que elas sejam adquiridas. Já o porte é proibido, conforme estabelece o art. 6º de tal norma, comportando algumas exceções vinculadas a categorias específicas (*caput* e incisos I a XI), fora das quais apenas em cunho extraordinário alguém será autorizado ao seu exercício (art. 10). E é justamente por se tratar de direitos diferentes, estabelecidos por regras antagônicas (permissão x proibição) e com abrangências absolutamente distintas que a lei traz exigências díspares para cada um deles.

Para a aquisição de uma arma, que confere ao seu proprietário a posse (relação estática), a lei previu a exigência de requisitos objetivos, essencialmente traduzidos em: (a) declaração de efetiva necessidade; (b) comprovação de idoneidade; (c) comprovação de ocupação lícita e residência certa; e (d) comprovação de capacitação técnica e aptidão psicológica. Já para o porte de arma — reitere-se: direito mais amplo e somente concedido por via excepcional —, o legislador fixou critérios mais rígidos, exigindo, além dos requisitos para a posse, a demonstração de efetiva necessidade, por exercício de atividade profissional de risco ou ameaça à integridade física do interessado (art. 10, § 1º, I).

Sucede que, embora se trate de dois direitos distintos e com previsões próprias, o Poder Executivo, ao regulamentar originalmente o Estatuto, ainda em 2004, por meio do decreto nº 5.123, promoveu verdadeira equiparação entre os dois requisitos. Se, no texto da lei, comprar uma arma exigia uma declaração de efetiva necessidade e somente o porte demandava sua demonstração, o aludido decreto dispôs que tal declaração deveria explicitar os fatos e circunstâncias justificadoras do pedido, que seriam examinados pelo órgão competente segundo as orientações a serem expedidas em ato próprio. E essas orientações se encontravam contidas na Instrução Normativa nº 23 da Polícia Federal, em cujo art. 6º, § 1º, se previa que a autoridade competente poderia exigir documentos que comprovem a efetiva necessidade de arma de fogo.

Na prática, portanto, o que era uma declaração se tornou comprovação, sujeita à análise discricionária da Polícia Federal, que simplesmente poderia "não se convencer" da necessidade de alguém adquirir uma arma.

Foi esse o mecanismo utilizado no país para, a despeito do resultado do Referendo de 2005, reduzir-se drasticamente a comercialização de armas. Mesmo sendo teoricamente um direito, o indivíduo que satisfazia todos os requisitos objetivos poderia ter a compra de uma arma negada simplesmente porque o delegado da Polícia Federal responsável por analisar o pedido entendia que ali não se havia comprovado a efetiva necessidade da posse. A opção popular por manter o comércio de armas, assim, passou a ser flagrantemente ignorada, pois, se para adquirir esse artefato era preciso obter uma autorização estatal e essa autorização era sistematicamente negada, na prática não havia comércio algum.

Imperando por mais de catorze anos (2004 a 2018), essa verdadeira imposição coercitiva do desarmamento fora responsável por criar no país uma enorme demanda reprimida. A maioria da população já havia manifestado seu interesse em poder adquirir armas para a sua autodefesa e o Estado apenas negava esse direito, indeferindo a quase totalidade dos pedidos. Logo, criava-se um contingente cumulativo de interessados num determinado item e uma escassez de sua circulação, imposta — inclusive ilegalmente — pela Polícia Federal.

Em 2018, todavia, com o término da "era petista" no governo federal abreviado pelo *impeachment* de Dilma Rousseff, a sistêmica diretriz de negativa da Polícia Federal à aquisição de armas começou a ser alterada no país. Inicialmente, de modo ainda tímido, com uma simples modificação nas orientações expedidas aos delegados de representação do SINARM - Sistema Nacional de Armas (por onde se processam as aquisições). Depois, com a revogação formal da Instrução Normativa nº 23 daquele órgão e sua substituição pela Instrução Normativa nº 131. Conforme esta nova norma, já não era mais permitido aos delegados analisar subjetivamente a declaração de efetiva necessidade, tomando-a exatamente como a lei previu: mero ato unilateral do interessado.

Já em 2019, logo no início do governo de Jair Bolsonaro, essa nova diretriz foi transportada para os decretos que regulamentam o Estatuto. Desde o decreto nº 9.685 de janeiro daquele ano fora abolida a possibilidade de se exigir mais do que a própria lei já exigia para a aquisição de uma arma.

Tais alterações normativas ocasionaram uma verdadeira corrida à compra de armas, justamente para satisfazer a demanda artificialmente reprimida por quase quinze anos. Em 2018, foram vendidas, no total, 196.733 armas no país, o que representou 42,4% a mais em relação a 2017 (138.132). Destas, 35.758 para pessoas físicas comuns — excluindo policiais, agentes de segurança, colecionadores, atiradores e caçadores (CAC). O número foi 8% maior do que em 2017 (33.109). Já no ano seguinte (2019), mesmo sem computar o mês de dezembro, tais registros somaram 44.181, isto é, um aumento de 24%. Em termos de registros totais de armas para civis, de acordo com um levantamento publicado pelo Fórum Brasileiro de Segurança Pública em seu Anuário para 2020, o incremento entre 2017 e 2019 foi de 65,6%, com o número absoluto saltando de 637.972 (2017) para 1.056.670 (2019).

Estatisticamente, portanto, há um sólido intervalo de três anos para análise, do qual se extrai uma série consolidada de recordes inversos: drástica queda de homicídios, sobretudo aqueles com uso de arma de fogo, e substancial elevação na venda destas armas, o que revela uma correlação (e não causalidade) entre armas legais e homicídios em inversa proporção numérica. Entre 2017 e 2019, houve um aumento de 65,6% nos registros civis de armas de fogo (SINARM), acompanhado de uma redução de 30,93% no total de homicídios e de 35,12% nos homicídios cometidos com uso de armas desta natureza. Além disso, quando se considera a participação das armas de fogo no total de homicídios, houve uma redução drástica, de proporções que não eram vistas desde o início do século.

Não estamos tratando aqui de uma análise causal: não temos a mais remota pretensão de explicar as quedas recordes de homicídios e dos indicadores ligados ao uso criminal de armas de fogo pela maior circulação desses artefatos no país, pois não é esse o foco de abordagem. O que se pretende é evidenciar que a máxima que vem regendo a abordagem do tema ao longo de quase duas décadas simplesmente não resiste à sua confrontação empírica com os indicadores.

Afinal, a relação entre armas legalmente postas em circulação e a quantidade de homicídios se revelou inversamente proporcional, deixando claro que aquela interrogação artificialmente colocada no título da obra de referência do pesquisador John Lott Jr. é pueril. O Brasil registra dados sólidos, oficiais e insofismáveis no sentido de que, entre os anos de 2017 e 2019, a máxima de regência foi mesmo a de "mais armas, menos crimes". Em números recordes, inclusive.

Tratamento numérico e gráfico dos dados contidos neste capítulo:

ANO	TH	HAF	ARMAS
2017	63.748	47.510	637.972
2019	44.033	30.825	1.056.670

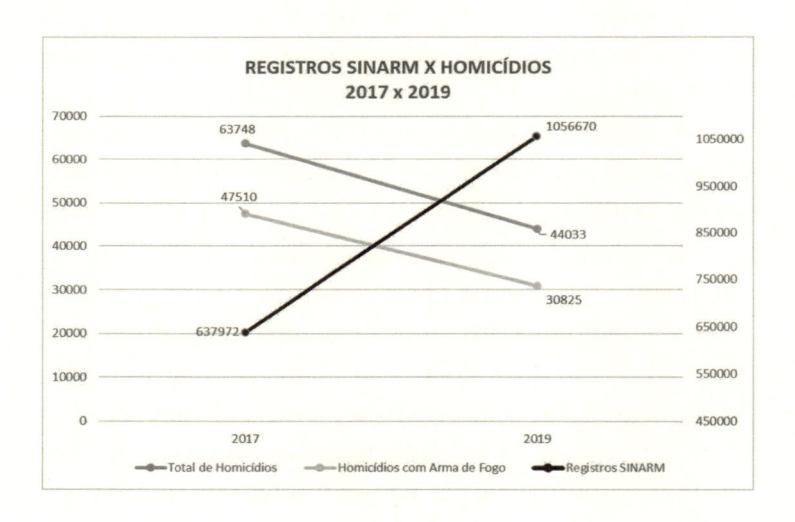

REGISTROS SINARM X HOMICÍDIOS 2017 x 2019

- Total de Homicídios: 2017 = 63748; 2019 = 44033
- Homicídios com Arma de Fogo: 2017 = 47510; 2019 = 30825
- Registros SINARM: 2017 = 637972; 2019 = 1056670

ANO	TH	HAF	%ARMAS
1999	42.914	26.902	62,69
2000	45.360	30.865	68,04
2001	47.943	33.401	69,67
2002	49.695	34.160	68,74
2003	51.043	36.115	70,75
2004	48.374	34.187	70,67
2005	47.578	33.419	70,24
2006	49.145	34.921	71,06
2007	47.707	34.147	71,58
2008	50.113	35.676	71,19
2009	51.434	36.624	71,21
2010	52.260	36.792	70,40
2011	52.198	36.737	70,38
2012	56.337	40.077	71,14
2013	56.804	40.369	71,07
2014	59.681	42.755	71,64
2015	58.138	41.817	71,93
2016	61.143	44.475	72,74
2017	63.748	47.510	74,50
2018	55.914	41.179	73,60
2019	44.033	30.825	70,00

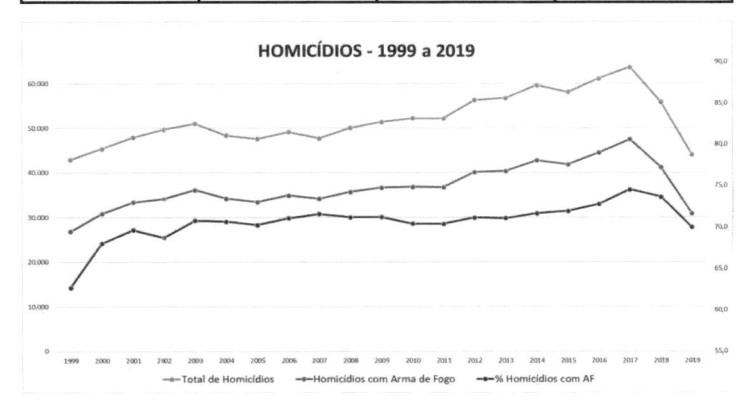

HOMICÍDIOS - 1999 a 2019

—■— Total de Homicídios —■— Homicídios com Arma de Fogo —■— % Homicídios com AF

CAPÍTULO VI
Comércio legal de armas e o crime

No arsenal de argumentos desarmamentistas, talvez o único próximo de rivalizar com o mantra de "mais armas, mais crimes" seja o de que "armas desviadas do comércio legal vão parar nas mãos de criminosos". Esse é um dos verdadeiros "coringas" sacados sempre que não se consegue sustentar uma negativa direta ao acesso às armas pelo cidadão honesto. É uma afirmação que gera certa atenuação na restrição (o real objetivo), dando a entender que o problema não é o cidadão de bem estar armado, mas o possível desvio da arma que ele pode comprar, a qual, fatalmente, irá parar nas mãos de criminosos, voltando-se contra a sociedade.

O argumento apresenta uma subversão retórica: o "desvio" que se invoca como risco seria o furto ou o roubo de uma arma legal. Tal hipótese já indica que há uma situação de insegurança social no país, na qual o Estado não é capaz de conferir proteção aos cidadãos, ao ponto de a posse de alguma coisa (nesse caso, uma arma de fogo) tornar-se um risco pela simples possibilidade de a coisa ser roubada. A contradição é maior ainda quando consideramos que se trata de um objeto cujo uso pelo cidadão poderia, justamente, oferecer-lhe proteção. Mas não é assim: o Estado assume que o cidadão está exposto ao crime, mas recomenda que o "melhor" mesmo é que esse cidadão não tenha como se defender.

A crueldade do argumento vai além, pois não são raras as narrativas que culpam os possuidores de armas legais por esses eventos criminosos. Alguém investe contra o patrimônio alheio, o subtrai e a culpa é lançada à vítima, pois ela possuía o que foi subtraído. E o curioso é que esse raciocínio parece se reservar apenas às armas. Não se culpa o dono de um celular roubado pelo golpe do seqüestro que é realizado com o aparelho, ou pela clonagem dos números de seus contatos para a obtenção de empréstimos fraudulentos. Do mesmo modo, não recai sobre o dono de um automóvel roubado a responsabilidade por um seqüestro praticado com o veículo. A narrativa é sempre direcionada às armas.

De qualquer modo, deixando de lado a análise de sua inconsistência retórica, o fato objetivo a ser pontuado é que, estatisticamente, a tese não se sustenta.

A tese se constrói a partir de uma alegação acessória que apontaria um grande percentual de armas de origem lícita apreendidas com criminosos. Contudo, quase sempre, os números são extraídos de pesquisas realizadas diretamente por ONGs defensoras do desarmamento (no meio da segurança pública, essas instituições foram apelidadas de entidades "da paz", em franca alusão a uma delas, que carrega essa designação em seu nome). Tais números ecoam na mídia tradicional e, não raro, na comunicação das próprias instituições policiais, ainda que a fonte primária e a metodologia de pesquisa nunca sejam divulgadas. Os percentuais variam; 68%, 74%, 56%, de tudo já se viu, mas sempre com uma mesma conclusão: no Brasil, a maioria das armas apreendidas com bandidos um dia foi comercializada legalmente.

Não é difícil desconstruir esse argumento, mas é algo que exige atenção e que passa, em essência, por dois prismas de análise. O primeiro é a própria observação periférica, o senso comum, que, quando encarnado por qualquer espectador mais crítico, já descarta o argumento prontamente. O segundo é um pouco mais técnico, demandando a compreensão de como se opera o rastreamento de armas no Brasil.

O ponto de partida para qualquer análise é compreender que, desde a década de 1930, especificamente logo após a Revolução Constitucionalista de 1932, o país adota um sistema de regulamentação de armas de fogo que separa o que é permitido ao cidadão adquirir e o que não é.

A primeira norma legal nesse sentido foi o decreto nº 24.602, de 06 de julho de 1934, firmado por Getúlio Vargas. Era uma norma simples, mas que já delineava as características marcantes do tratamento que o Brasil passaria a dar à questão. Por seus termos, fora proibida no país a fabricação de "armas e munições de guerra", salvo por uma autorização especial concedida pelo governo, mediante a aceitação, pelo fabricante, de rígida fiscalização e ingerência ampla sobre suas atividades, inclusive a eventual imposição de restrições que o governo julgasse "convenientes".

Pouco tempo depois, em 1936, foi publicado o decreto nº 1.246 — assinado pelo General Eurico Gaspar Dutra —, que instituía o "Regulamento para Fiscalização, Comércio e Transporte de armas, munições e explosivos, produtos agressivos e matérias-primas correlatas". Diferente do decreto nº 24.602/34, que aludia genericamente às "armas de guerra", o então novo Regulamento inaugurou a conceituação desses artefatos, a partir de suas características técnicas e peculiaridades. É nele que se firma a primeira relação das armas e acessórios proibidos para civis, a exemplo das iguais ou similares às usadas pelas Forças Armadas; silenciadores; armas desmontáveis em várias partes; rifles e carabinas de calibre superior ao .44; armas longas, mesmo inferiores a este calibre, que possuíssem aparelho de pontaria com graduação superior a 200 metros; revólveres de calibre superior ao .38; pistolas automáticas acima do calibre 7,65 mm; e garruchas acima do calibre .380. À exceção das pistolas até o calibre .380 Auto e das espingardas calibre 12 Gauge com cano superior a vinte e quatro polegadas, que passaram a ser expressamente incluídas como permitidas com o advento do decreto nº 2.998, de 23 de março de 1999, essa classificação se manteve inalterada até o início de 2019, quando o rol de calibres permitidos para as armas curtas foi ampliado pelo decreto nº 9.785, de 07 de maio. Até então, nenhuma arma que ao ser disparada produzisse energia cinética acima de 407 Joules tinha a sua aquisição permitida ao cidadão e, por isso, não era comercializada em lojas especializadas.

Com base nesses dados, podemos extrair como primeira premissa de análise que, pelo menos desde a década de 1930, fuzis, metralhadoras, pistolas em calibres 9 mm, .40 e .45, revólveres em calibre .357 e todo armamento mais forte do que os modestíssimos 407J adotados como limite de energia jamais foram comercializados para civis no Brasil. Mais do que isso: essas armas sequer eram aqui fabricadas. No entanto, notadamente a partir da década de 1990, foram essas as armas que passaram a abastecer os criminosos em escala cada vez maior.

Não é de agora que as apreensões dessas armas é notícia recorrente na mídia. Bastam alguns instantes assistindo a um programa policial para que elas sejam noticiadas, sobretudo as de fuzis. São esses os preferidos das cada vez mais articuladas quadrilhas dedicadas ao tráfico de drogas e ao crime organizado, notadamente aquelas que fizeram dos morros do Rio de Janeiro verdadeiras zonas de guerrilha, fortemente guarnecidas de armamento, muitas vezes superior ao da polícia. O problema é tão importante que a apreensão de fuzis gerou uma estatística própria, destacada das demais armas, justamente para dimensionar o elevado poderio de fogo dos criminosos.

Em 2015, o Instituto de Segurança Pública do Rio de Janeiro divulgou com preocupação a informação de que, apenas de janeiro a maio daquele ano, 174 fuzis haviam sido apreendidos no estado, ritmo que se manteve ao longo do ano, com o total fechando em 344. Dali em diante, os números passaram a ser bem maiores. Foram 369 fuzis em 2016, 499 em 2017, 493 em 2018 e 550 em 2019, último ano antes do impacto da pandemia de coronavírus nas operações policiais e da proibição judicial a que estas se realizassem nos morros cariocas.

Os dados não destoam do quanto já havia sido constatado pela CPI das Armas, instaurada pela Assembléia Legislativa daquele estado, no âmbito da qual, em 26/04/2016, foi realizada sua maior sessão, com a presença do *staff* da Secretaria de Segurança Pública, inclusive seu então titular, José Mariano Beltrame.

Naquela oportunidade, foram apresentados os dados de apreensões de armas em 2015, dentre as quais os fuzis, que ali já demonstravam um aumento de 60% no total de apreensões. Além disso, conforme ali também divulgado, 75% deles sequer possuíam número de série, o que foi apontado como fator que "dificulta a identificação de sua propriedade", mas que, apenas pela característica do armamento, já eliminava a possibilidade de corresponder a algum cidadão comum.

Em época mais recente, já no final de 2020, uma ação criminosa galgou enorme repercussão no país, com a investida de uma quadrilha na cidade de Criciúma-SC para roubar bancos, com um ousado ataque ao próprio batalhão da polícia militar como preparativo. O armamento utilizado e muito bem retratado em imagens que se difundiram exaustivamente nos noticiários foi composto, justamente, por fuzis de assalto — sobretudo os russos AKS — e Barretts de calibre .50 BMG, armas que vêm ganhando espaço dentre as preferidas das grandes organizações, por sua grande superioridade balística em relação a todos os outros armamentos geralmente utilizados pelas forças policiais.

O alto índice da circulação de fuzis entre criminosos também fez com que as estatísticas começassem a identificá-los por suas marcas e modelos. No primeiro trimestre de 2021, por exemplo, a Secretaria de Estado da Polícia Militar do Rio de Janeiro divulgou terem sido apreendidos 115 fuzis com criminosos, detalhando-os por seus modelos e calibres. O fuzil com maior número de apreensões foi o AR-15, em sua designação civil ou militar (M-16), em calibre 5,56 x 45 mm, com o total de 81 apreensões. Na seqüência, o FAL (7,62 x 51 mm), com 07 unidades, mesmo número dos AK-47 (7,62 x 39 mm). Houve, ainda, exemplares de Ruger Mini 14 (05 apreensões), de AR-10 (04), de Madsen .30 (02) e, também, ZB 30, Steyer AUG e Galil, com uma unidade de cada. Modelos menos famosos e não listados somaram 06 apreensões. Em todos os casos, essas são armas às quais o cidadão brasileiro jamais teve acesso no comércio.

A essa altura, certamente o leitor já formulou a questão crucial acerca desse debate: se as armas preferidas pelos criminosos são os fuzis e as de alto poder bélico, como elas podem advir de desvios do mercado legal, se nunca foram vendidas nele? Pois é, não podem. E os desarmamentistas também perceberam a falha em seu argumento, sendo forçados a alterá-lo (prática, aliás, bastante recorrente nesse segmento).

Como a tese do desvio das armas legais não se sustenta, os defensores do desarmamento atenuam a importância dos fuzis nas apreensões — na contramão das próprias estatísticas criminais. A construção narrativa passou a ser a de que a maior parte do armamento é composta pelas armas curtas, de porte, e, estas sim, seriam majoritariamente de origem remota lícita, já tendo sido comercializadas de modo legal.

A premissa do argumento não é falsa. De fato, embora nenhuma análise desse tema possa ignorar que as apreensões são uma pequena parcela da quantidade de armas em circulação ilegal (e que a amostra é muito menor em relação àquelas que guarnecem os pontos em que se concentram as bases das atividades criminosas), o maior volume de apreensões está, sim, nas armas curtas.

A questão é que isso passa longe de permitir se concluir que elas tenham origem remota legal. E é nesse ponto que se faz necessário o enfoque sob o segundo prisma de análise da questão, o mais técnico, ligado ao rastreamento de armas.

Aqui, da mesma maneira que foi necessário estabelecer a distinção entre "correlação" e "causalidade", um conhecimento igualmente essencial no debate sobre armas de fogo é o da diferença entre "rastreamento" e "rastreabilidade", ou entre armas "rastreadas" e armas "rastreáveis". *Grosso modo*, o rastreamento de armas consiste na utilização de mecanismos e técnicas que permitam identificar sua origem. Para isso é necessário que eles se façam, respectivamente, presentes e aplicáveis, isto é, que se tenha a rastreabilidade.

O sistema mundialmente consagrado para o rastreamento de armas de fogo é o seu número de série. Trata-se de uma seqüência alfanumérica gravada em baixo-relevo nas partes mais rígidas do artefato, como uma certidão de nascimento que lhes é conferida. A partir daí, o número é rastreado desde a indústria até o seu adquirente, passando pelo local onde foi vendida. Assim, quando uma arma é apreendida, torna-se possível saber em tese e por via reversa todo o seu histórico, sobretudo em relação a como ela entrara em circulação.

Parece algo rudimentar, mas, até hoje, é o mecanismo mais eficiente já posto em prática para se identificar a origem de uma arma, ainda que esteja, obviamente, longe — muito longe — da infalibilidade.

É claro que outras invencionices já surgiram, como códigos de barras, QR *codes*, *chips* eletrônicos ou mesmo grandes bancos de dados sobre impressões de raiamento (as micro ranhuras geradas pela passagem do projétil no cano) ou as marcações da culatra do estojo. Tudo isso já foi testado, mas sempre esbarra em duas questões essenciais. A primeira é que, caso alguém queira ocultar a origem de uma arma, todos os elementos adicionais que nela podem ser inseridos com essa finalidade podem também dela ser removidos ou desativados de modo muito mais fácil do que o próprio número de série. A segunda é que o custo de manutenção de bancos de dados externos é extremamente elevado e a sua eficácia não é garantida.

As impressões do raiamento, por exemplo, se modificam com o próprio uso da arma, ao passo que a marcação do culote do estojo (parte metálica da munição, onde se encontra a espoleta e popularmente designada como "cápsula") só pode ser utilizada quando aquele está disponível no local do disparo, sem funcionar com munição recarregada — cada vez mais comum entre os bandidos. Ou seja, de tudo o que já se tentou "dando asas à imaginação" e, às vezes, beirando a ficção científica, ainda é no número de série que se baseia o sistema universal de rastreamento de armas de fogo.

O problema, porém, é que, mesmo sendo o sistema mais eficaz, ele também falha. Uma arma sem número de série (e algumas são fabricadas assim em outros países) ou que tenha essa característica removida, especialmente por raspagem mecânica, se torna impossível de ser rastreada. Ou seja, passa a ser uma arma "não rastreável". No ensaio "Rastreamento de armas no Brasil — a grande falácia", que compõe a coletânea *Articulando em Segurança — contrapontos ao desarmamento civil*, essa questão foi sumariamente exposta, inclusive com uma ainda icônica referência a um documentário produzido pelo Canal Futura, no qual a então Delegada da DFAE - Divisão de Fiscalização de Armas e Explosivos do Rio de Janeiro, Bárbara Lomba, é categórica ao expor como se opera o rastreamento. Vale relembrar:

A DFAE tem hoje aproximadamente cento e cinqüenta mil armas apreendidas, aguardando decisão para a gente destruir. É para cá que todas as armas apreendidas da polícia civil vêm depois de periciadas. Depois disso, autorizada judicialmente, a DFAE remete ao Exército para destruição. Aqui são as armas apreendidas realmente com criminosos [...] algumas armas, elas têm a numeração delas [sic] raspada, a numeração de série raspada, como aqui se pode ver [mostrando à câmera], não tem. Onde haveria a numeração, foi suprimida por alguma ação mecânica, provavelmente, só tem a marca. O número de série é essencial, se não houver número de série a gente interrompe o rastreamento, não consegue obter resultado.

No mesmo documentário, inclusive, a delegada dá uma dica substancial de como se chega à conclusão de que as armas curtas mais apreendidas vieram do comércio legal: por serem de uso permitido. Segundo ela, este fato — e nem mesmo o rastreamento — a faz concluir que cidadãos comuns as compraram e elas depois foram furtadas ou extraviadas.

A metodologia é capciosa, pois o fato de uma arma ser de uso permitido no Brasil não implica que ela tenha sido originalmente comercializada aqui. Armas permitidas no Brasil também são permitidas em inúmeros outros países, inclusive nos que com ele se confrontam e nos quais a legislação é muito mais flexível. Ou seja: a permissão para o comércio não serve como critério para afirmar a origem de qualquer armamento que seja.

Na realidade, os próprios desarmamentistas buscam dar uma roupagem mais séria aos seus dados, fugindo dessa associação precária e tentando invocar um percentual de identificação da origem do armamento, para apontar sua franca maioria como correspondente à estatística que pretendem evidenciar.

Em 2009, por exemplo, a informação registrada no Caderno Temático *Controle de Armas e Munições*, do Conseg, apontava que, por sua "análise, 74% das armas apreendidas foram vendidas originalmente em lojas para pessoas físicas, 23% foram desviadas por empresas de segurança privada e ainda 18% foram desviadas do Estado", dado semelhante ao inserido no *Relatório sobre o Rastreamento de Armas de Fogo Apreendidas nos Estados Brasileiros*, de 2010, publicado pela a OSCIP Viva Comunidade, em parceria com a Subcomissão Especial de Armas e Munições, da Comissão de Segurança Pública da Câmara dos Deputados (CSPCCO), com o apoio da Secretaria Nacional de Segurança Pública (Senasp) do Ministério da Justiça (MJ).

Este último contém um resumo significativo das conclusões da Comissão Parlamentar de Inquérito sobre Organizações Criminosas do Tráfico de Armas (CPI das Armas) da Câmara dos Deputados (2005 a 2006), que é uma das grandes fontes de dados a que se recorrem os defensores do desarmamento. E é justamente desse Relatório que se extrai a chave para a compreensão daquilo a que se deveria dar ênfase, mas que é convenientemente omitido sempre que se aborda a questão: os percentuais se referem apenas às armas rastreáveis, não ao total de apreensões.

Talvez por descuido, o Relatório sobre Rastreamento, em meio a uma profusão de alegações vazias e pautadas em platitudes, como "segundo estudos" e "especialistas apontam", acabou detalhando a metodologia que é empregada quando se produz análises sobre o rastreamento de armas. O registro é absolutamente esclarecedor:

> O primeiro passo da metodologia deste trabalho foi padronizar as informações de armas de fogo apreendidas nos estados brasileiros e separar aquelas que ofereciam informações passíveis de rastreamentos. O caso do Rio de Janeiro foi tomado como projeto-piloto, a partir das informações disponíveis para que fossem elaboradas listagens das armas apreendidas que poderiam ser rastreadas, conforme realizado no âmbito de nosso trabalho para a CPI das Armas.

Vê-se, portanto, que não se trata de qualquer teoria conspiratória, mas de algo expressamente reconhecido e pacífico: só são rastreadas as armas que possuem elementos que assim o permitem, isto é, as rastreáveis. Justamente por isso, o próprio relatório, resumindo informações e dados colhidos na CPI das Armas (a da Câmara dos Deputados), trouxe seu detalhamento numérico. Ali se registra que, de 78 mil armas de fogo de fabricação nacional apreendidas no Rio de Janeiro entre 1998 e 2003, a Polícia Federal conseguiu rastrear 8.422 até o seu usuário final (a pessoa física ou jurídica que a comprou), identificando que 74% das armas tinham sido compradas por pessoas físicas e 25% por empresas de segurança privada, no Rio de Janeiro.

Há aí uma tentativa de induzir o receptor da mensagem a acreditar que os números estão tratando da estatística global. Mas, como é possível ver, os percentuais de 74% e 25% não se referem às 78 mil armas apreendidas, mas apenas às 8.422 que puderam ser rastreadas pela Polícia Federal (10,8% do total). O universo de pesquisa é este, e nele é que foram encontradas 74% das armas com origem no mercado legal civil, o que, numericamente, corresponde a 6.232 armas. Portanto, de 78 mil armas apreendidas, 6,2 mil tinham origem remota no comércio legal, o que corresponde, não aos alardeados 74%, mas a 7,99% das apreensões. As desviadas das empresas de segurança privada somaram 2.105, ou 2,7% do total.

Trata-se de uma pesquisa cuja conclusão se apresenta sob um critério metodológico de dupla seleção (ou duplo filtro), isto é, primeiro se reduz a amostragem para um universo específico, não mais aleatório (o das armas rastreáveis) e, então, somente nele se realiza o levantamento, desprezando-se todos os outros componentes da equação que conduziriam a um resultado diverso, como, no caso, todas as armas com numeração de série adulterada, as que já não possuem essa numeração, as de fabricação caseira, as oriundas de países que não adotam identificação, dentre outras. Em outros termos, a informação é manipulada, travestindo de pesquisa científica um mero jogo de números que tem por objetivo a confirmação de uma teoria já previamente estabelecida.

Felizmente, essa fantasia vem se tornando cada vez menos sustentável — a não ser, claro, naquelas ONGs "da paz", para as quais o mundo real parece não ter muita relevância. Na CPI das Armas da ALERJ (2016), por exemplo, na mesma sessão em que fora apresentada a estatística das apreensões de fuzis, os integrantes da Secretaria de Segurança Pública revelaram que em 2015, das 8.956 armas apreendidas no estado, a amostra rastreável reduzia-se a 4.506 (50,3%). Destas, 3.121 (69,2%) não possuíam registro no Sistema Nacional de Armas (SINARM), onde se encontram cadastradas todas as armas que são legalmente comercializadas. Em relação ao número global, a informação foi a de que "cerca de 85% das armas apreendidas não tinham origem identificada até aquele momento".

A insustentabilidade da teoria também pode ser observada a partir dos dados presentes no Anuário do Fórum Brasileiro de Segurança Pública de 2018, no qual aquela entidade, mesmo fortemente alinhada à teoria desarmamentista, informou terem sido apreendidas 119.484 armas de fogo em 2017, das quais 94,9% não registradas no SINARM.

Em agosto de 2019, o colunista Giampaolo Morgado Braga publicou no portal da *Revista Época* um levantamento realizado junto à Polícia Civil do Rio de Janeiro a respeito de apreensões de armas de fogo. Segundo o levantamento, de 48.656 armas listadas pela Polícia Civil como apreendidas nos 43 meses antecedentes ao pedido de informações, "apenas 89, ou 0,17%, constam como tendo origem lícita", sendo as demais 99,83% de origem ilegal. Reduzindo-se o universo de análise para as armas ali computadas como "registro particular", foram apreendidas no mesmo período 3.367 armas, das quais, excluídas as não envolvidas em qualquer ato ilícito, como as entregues em campanhas de desarmamento, restaram 2.132, ou seja, 4,38% do total de apreensões. E, destas, apenas 11 tinham procedência lícita, sendo 8 pistolas e 3 revólveres. Nas palavras do autor, "míseros 0,022% do total de armas apreendidas".

Poderiam ser citadas inúmeras outras fontes com semelhantes resultados, pois é exatamente a eles que se chega quando a questão é analisada de modo criterioso e, sobretudo, metodologicamente honesto, sem redução do universo de pesquisa a uma amostragem previamente selecionada. E a conclusão é simples: é absolutamente falsa a informação de que a maioria das armas apreendidas com criminosos tem origem lícita, seja lá qual for o percentual. É a isso que conduzem todos os resultados de pesquisa.

O número real de armas lícitas apreendidas acaba gravitando em torno de 8% do total, exatamente como a CPI das Armas da Câmara dos Deputados deixou claro. E ainda é preciso considerar que, nesse percentual, estão todas as armas apreendidas com civis, dentre as quais muitas que, como bem observado na pesquisa de Giampaolo Braga, jamais estiveram envolvidas em qualquer atividade ilícita.

Pela legislação brasileira, a mera conduta de se ter uma arma com registro vencido já enseja sua apreensão. E são incontáveis os casos assim: situações em que a própria arma é o objeto do crime, e não qualquer conduta criminosa na qual ela tenha figurado como instrumento. Uma arma roubada de um comerciante e, posteriormente, apreendida com um homicida que acabara de tirar a vida de uma vítima e outra encontrada na casa de um idoso contra o qual se cumpriu um mandado de busca e apreensão numa ação de alimentos têm o mesmo peso estatístico nas armas "com origem lícita". Contudo, não é necessário esforço para se concluir que as situações desses artefatos são absolutamente diferentes.

De qualquer modo, independente da análise qualitativa do armamento apreendido e sua relação com a prática efetiva de crimes, o ponto crucial a se observar é que, como aqui delineado, é impossível vincular qualquer percentual expressivo de armas apreendidas com criminosos ao comércio legal. E é isso que precisa ser sempre alardeado a cada nova investida que utilize como fundamento a fantasiosa narrativa contrária.

Tratamento numérico e gráfico dos dados contidos neste capítulo:

A) Apreensão de fuzis (RJ)

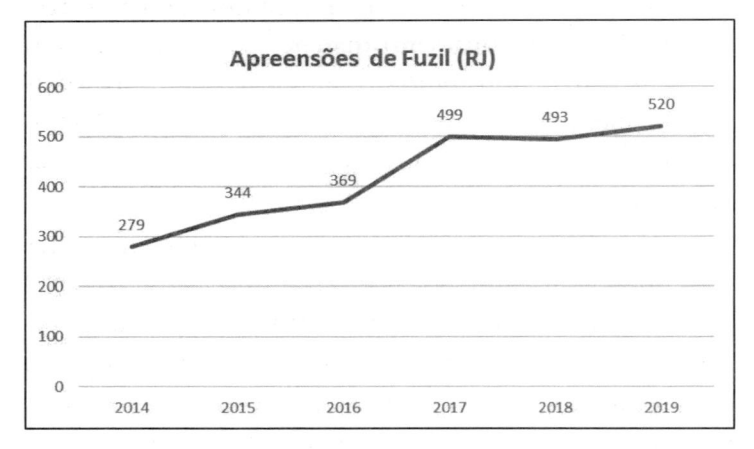

Ano	Apreensões de Fuzil (RJ)
2014	279
2015	344
2016	369
2017	499
2018	493
2019	520

ESTATÍSTICA DE FUZIS APREENDIDOS 2021
FONTE SSI/PMERJ — DE 01 JAN A 31 MAR

- AR-15/M16 (5,56x45mm): 81
- MADSEN (.30/7,62x51mm): 02
- FAL (7,62x51mm): 07
- ZB 30 (7,62x51mm): 01
- AK-47 (7,62x39mm): 07
- Steyr AUG (5,56x45mm): 01
- Ruger Mini-14 (5,56x45mm): 05
- Galil (5,56x45mm): 01
- AR-10 (7,62x51mm): 04
- Outros: 06

TOTAL: 115 FUZIS

SECRETARIA DE ESTADO DE POLÍCIA MILITAR

b) Origem de armas apreendidas (CPI / Câmara dos Deputados)

APREENSÕES	QTDE	%
Armas apreendidas RJ (1998-2003)	78.000	100,0%
Armas não rastreáveis (PF)	69.578	89,2%
Armas rastreáveis (PF)	8.422	10,8%
Origem no mercado legal civil	6.232	7,99%
Desviadas Empresas de Segurança	2.105	2,70%

ORIGEM DE ARMAS APREENDIDAS (CPI) 1998–2003

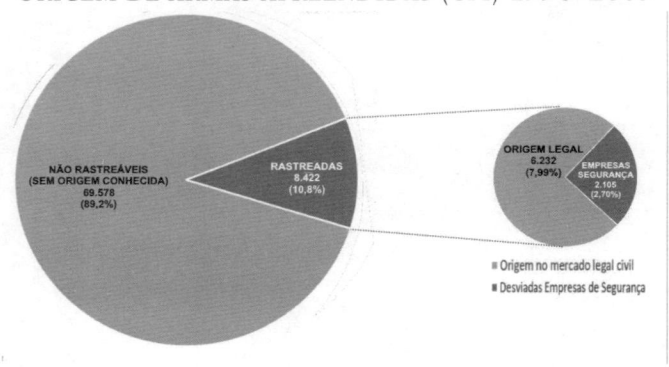

- NÃO RASTREÁVEIS (SEM ORIGEM CONHECIDA) 69.578 (89,2%)
- RASTREADAS 8.422 (10,8%)
- ORIGEM LEGAL 6.232 (7,99%)
- EMPRESAS SEGURANÇA 2.105 (2,70%)

■ Origem no mercado legal civil
■ Desviadas Empresas de Segurança

Armas não rastreáveis (PF) ■ Armas rastreáveis (PF)

c) Apreensões de armas em 2017 (Brasil / Fórum Brasileiro de Segurança Pública)

ORIGEM DAS ARMAS - FBSP	QTDE	%
Armas apreendidas BR (2017)	119.484	100,00
SEM cadastro no SINARM/PF	113.390	94,90
COM cadastro no SINARM/PF	6.094	5,10

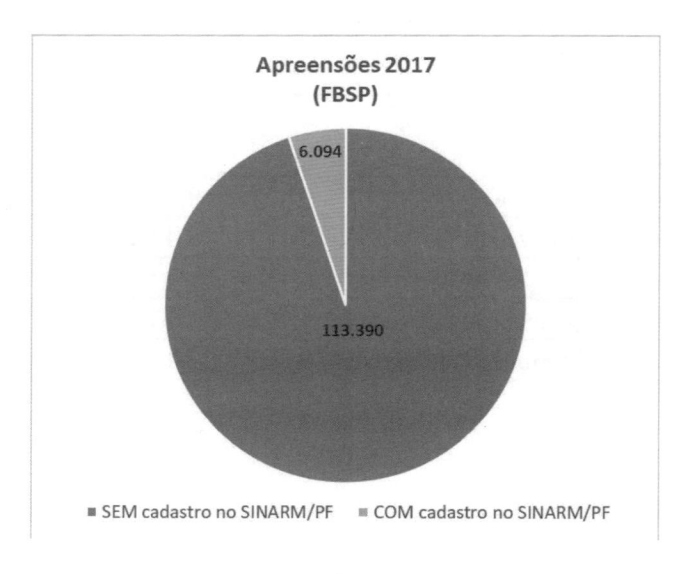

Apreensões 2017 (FBSP)

- 6.094
- 113.390

■ SEM cadastro no SINARM/PF   ■ COM cadastro no SINARM/PF

CONTROLE DE ARMAS

119.484
Armas de fogo
apreendidas em 2017

Necessidade de fortalecer a política

- **94,9%** das armas apreendidas no ano não foram cadastradas no sistema da Polícia Federal (SINARM).
- **13.782** armas legais foram perdidas, extraviadas ou roubadas, o que equivale a **11,5%** das armas apreendidas pelas polícias no mesmo ano.[11]

CAPÍTULO VII
Os crimes passionais

A narrativa contra as armas de fogo tem clara predileção por argumentos que possam ser traduzidos em números, daquele tipo que gera tabelas e gráficos capazes de impactar mais diretamente quem os lê ou a eles assiste, sobretudo os menos familiarizados com o tema. Porém, quando esses argumentos já não convencem ou o espaço não é propício a uma apresentação mais elaborada, lança-se mão de outra linha retórica, na qual os números não são detalhados, e sim firmados em expressões genéricas, como "maioria", "grande parte", etc. É nesse segmento que se situam os crimes passionais.

É uma retórica que possui um forte apelo emocional. Para ela, um dos maiores problemas ocasionados pela posse de armas é o dos crimes passionais, os quais, segundo essa linha argumentativa, seriam "a maioria no país". Assim, busca-se afetar o senso de altruísmo do indivíduo, despertando sua empatia para assumir que, de fato, há um risco intrínseco em se ter uma arma, pois, num momento de descontrole, ela pode ser usada de um modo impensável e irreversível.

Em 2012, essa alegação pautou uma campanha de iniciativa conjunta do Conselho Nacional do Ministério Público e da Estratégia Nacional de Segurança Pública, apoiada pelo Ministério da Justiça e pelo Conselho Nacional de Justiça, sob o título "Conte até dez". A campanha foi realizada com algumas figuras icônicas do esporte, inclusive lutadores de MMA. O objetivo era o de chamar a atenção para a necessidade de manter a calma perante adversidades, "contando até dez", o que favoreceria a redução dos chamados "homicídios por impulso".

Os dados em que se embasava a campanha eram de uma imprecisão grosseira. Sem falar da sua conclusão, que apresentava uma margem de erro de 55%! Eles resultavam de um estudo feito pelo Ministério Público em quinze estados e no Distrito Federal, no qual se teria apurado que, entre 2011 e 2012, "de 25% a 80% dos assassinatos [foram] praticados por impulso ou motivo fútil".[12] Sim, uma campanha pública, vinculada a um ministério, foi deflagrada no Brasil a partir de dados que, em essência, diziam que homicídios por impulso poderiam ser de 1/4 a 4/5 do total, ou seja, um levantamento em que a margem de erro era maior do que a de acerto, mas que, ainda assim, foi usada para afirmar que o dado pesquisado era a maioria das ocorrências de interesse. E, embora isso já fosse o suficiente para jogar por terra essa verdadeira sandice estatística, havia problemas ainda mais graves com essa conta.

Seria leviano negar que existem crimes passionais ou dizer que eles não podem ser cometidos por armas adquiridas de modo lícito. É óbvio que existe essa possibilidade. No entanto, basta uma análise conjuntural do nosso quadro de criminalidade para se compreender que esses delitos compõem uma mínima fração do total de homicídios, e nunca a "maioria". Ou seja, nada justifica que eles sejam tomados como regra.

A compreensão dessa questão exige desfazer uma falácia: no argumento que toma os crimes passionais como uma constante crítica, "a maioria" nunca se refere, de fato, ao total de crimes cometidos com armas de fogo. Não é esse o caso.

No âmbito das ciências penais no Brasil, a investigação criminal consiste em uma das maiores mazelas que enfrentamos. Nossos índices de elucidação de crimes são baixíssimos, vexatórios até, realidade que começou a ser mais fortemente descortinada em 2011, quando um estudo publicado pelo Ministério Público do Rio de Janeiro apontou que, apenas naquele estado, havia, em uma década, 60 mil casos acumulados de homicídios sem esclarecimento. Em 40% deles (24 mil), nem sequer a vítima havia sido identificada.[13] E isso, frise-se, em se tratando de homicídios, o delito substancialmente mais relevante nos indicadores criminais.

À época, as estimativas mais aceitas consideravam que, no cenário nacional, apenas cerca de 8% dos crimes fatais eram esclarecidos. Hoje, os números são inegavelmente maiores, em boa parte graças à proliferação de sistemas de videomonitoramento que acabam servindo como testemunhas oculares de muitas ocorrências, direcionando o trabalho da polícia. Ainda assim, a realidade segue sendo de índices muito tímidos e verdadeiramente desconhecidos em sua exatidão. As próprias entidades defensoras do desarmamento, de onde costuma surgir o argumento dos crimes passionais, reconhecem, paradoxalmente, que, "no âmbito nacional, o Brasil continua sem saber quantos desses crimes são esclarecidos em seu território, somadas as 27 unidades federativas (estados e Distrito Federal)".[14]

Em matéria de setembro de 2020, o programa dominical *Fantástico*, da Rede Globo (emissora cuja comunicação possui um explícito viés desarmamentista), pontuou que, naquele ano, mesmo com todos os avanços nos métodos de investigação, 70% dos homicídios continuavam sem esclarecimento no país,[15] dado chancelado pela mesma ONG "da paz" que, com justiça, reconhecera que esse percentual não advinha de um cálculo exato.

Se os números espelharem a realidade, teremos, em apenas nove anos (2011–2020), um avanço mais do que substancial, saindo de 8% para 30% de crimes esclarecidos na média nacional. Embora não seja algo muito comum na variação de indicadores de segurança pública, admitiremos, para a análise aqui abrigada, que esse seja o dado mais próximo da verdade.

Num raciocínio linear, poderíamos alcançar uma conclusão óbvia: se, no máximo, 30% dos crimes de homicídio são esclarecidos, torna-se matematicamente impossível afirmar que a maioria de todos eles deriva de motivação passional. Afinal, no melhor cenário, os esclarecimentos não ultrapassam sequer 1/3 do total.

É claro que essa conclusão poderia ser rebatida com a metodologia estatística de amostragem, exatamente como buscam fazer os defensores do desarmamento. Por ela, o que se tenta é dar aos agora 30% de crimes esclarecidos uma roupagem de amostra do universo aleatório de pesquisa, para que, a partir da constatação de sua motivação, seja possível ampliar as conclusões.

Assim, por exemplo, se há no país 50 mil homicídios, 15 mil (30%) são esclarecidos e, destes, 8 mil (53,3% dos 15 mil) são passionais, seria possível afirmar que, a partir da amostra, a maioria dos crimes possui essa motivação. E, de fato, uma avaliação por amostragem em que o recorte consiste em 30% do total é uma pesquisa com excelentes fontes de apuração. O problema, neste caso, é que essa é uma amostra viciada, imprestável à pesquisa dos valores globais.

Na criminalística, os crimes passionais são, dentre todos, os de mais fácil elucidação. São delitos praticados em decorrência de uma relação interpessoal entre a vítima e o agressor. Portanto, há um vínculo motivacional claro entre ambos, a partir do qual a investigação da autoria fica extremamente facilitada. Nos crimes passionais impulsivos — o foco daquela campanha para contar até dez —, isso se potencializa ainda mais, pois são crimes praticados em verdadeiros ataques de fúria, momentos de descontrole para os quais não há elaboradas premeditações capazes de ocultar a autoria, muito pelo contrário.

Esse tipo de crime, como os alardeados exemplos extraídos de brigas de trânsito, discussões matrimoniais, desavenças entre ébrios, etc., não são ações em que o agressor tenha previamente se preocupado em assegurar sua fuga, se esconder das autoridades ou simplesmente desaparecer. São ocorrências em que, ao contrário, a obtenção de testemunhas é a regra, tal como estabelecer sua motivação e dinâmica. Em outros termos, dada a existência de uma relação interpessoal, ainda que momentânea (como uma discussão factual), entre autor e vítima, os crimes passionais são, por regra, esclarecidos. Costumam, inclusive, ser os mais rapidamente elucidados.

O exato oposto ocorre com os crimes derivados de outras motivações, sobretudo aqueles praticados por indivíduos já dedicados às condutas ilícitas. Um procurado traficante, por exemplo, que tira a vida de alguém que lhe atrapalhava os "negócios", já tem em si arraigada uma vida de fuga, de ocultação, o que faz com que seja muito mais difícil que ele seja identificado como autor de um crime. Diferente do que ocorre com um motorista que toma uma "fechada" no trânsito e ali mesmo mata o outro condutor.

A partir dessa abordagem, fica fácil compreender por que é absurda a afirmação de que a maioria dos homicídios brasileiros é provocada por ações passionais. Afinal, se os crimes passionais são facilmente elucidados; e se, no Brasil, os esclarecimentos de homicídios não ultrapassam os 30%, chegaremos à conclusão de que, em 70% deles, é ínfima a possibilidade de que eles decorram de relações interpessoais (ou de um "impulso").

Desse modo, mais uma vez a amostra não se revela aleatória (como seria de se esperar numa análise que buscasse obter uma honesta representação segmentada do todo), mas derivada de um prévio filtro estatístico, em cuja seleção já existe o impacto da própria característica a ser investigada: a motivação. Ou seja, a ausência de motivação passional para um crime acaba por excluí-lo da seleção para a análise, de modo que esse critério é duas vezes considerado: uma para a seleção e outra para a investigação causal. É o mesmo mecanismo que se opera em relação às armas "rastreáveis", como visto no capítulo anterior.

Ao se estabelecer a concatenação entre essa realidade e aquela estatística do "conte até dez", teríamos como resultado, no máximo, uma conta que apontaria 80% de crimes passionais dentre 30% do total de crimes esclarecidos, o que resultaria em 24% do total, algo muito longe de qualquer maioria. E isso sem sequer considerar que, pela margem de erro que ali se utilizou, esses crimes poderiam ser apenas 7,5% (30% x 25%) do total.

Essa estatística é tão absurda que, mesmo com todos os esforços, por vezes se deixa escapar a sua essência. Foi o que ocorreu de modo sutil em uma divulgação daquele mesmo estudo de 25% a 80% realizada pelo Ministério Público do Paraná, quando uma matéria ressalvou que esses índices eram extraídos "dos assassinatos com causas identificadas no Brasil".[16] Ou seja, a estatística se resume aos homicídios "elucidáveis", deixando de fora aqueles que, inclusive por suas características motivacionais, não conseguem ser esclarecidos. Por isso ela não serve de respaldo à conclusão almejada.

Por outro lado, a pesquisa do diagnóstico das causas dos delitos fatais não é uma exclusividade brasileira, mas uma preocupação mundial. A justificativa é simples: é a partir do diagnóstico da realidade criminal, do seu perfil social, que se torna possível propor as soluções a ele adequadas. A Organização das Nações Unidas (ONU), por exemplo, tem nesse campo um de seus principais focos de atenção e já produziu, pelo Escritório sobre Drogas e Crimes (UNODC), ao menos, três grandes estudos com essa temática, todos sob o rótulo *Global Study on Homicide*, cujas edições foram disponibilizadas em 2011, 2014 e 2019.

Na primeira dessas edições (2011),[17] a ONU buscou relacionar diretamente armas e homicídios, investigando a possibilidade de sustentar a tese de que onde há mais armas há mais crimes. Sem adentrar ao detalhamento da metodologia ali empregada, a conclusão alcançada foi positiva a esse respeito, com a afirmação de que "armas de fogo conduzem indubitavelmente ao crescimento de homicídios". Porém, de forma extremamente emblemática, ali se reconheceu que, quando isso acontece, "são membros de organizações criminosas que puxam o gatilho".[18] Justamente por isso, ainda de acordo com o mesmo relatório, não se pode atribuir o aumento de homicídios à circulação legal de armas, tendo em vista que, "sob uma perspectiva global que considere a diferença entre os proprietários legais de armas e os homicídios, a indicação é de que a maioria daqueles não as usa para qualquer propósito ilícito, possuindo-as para fins legítimos".[19]

Já no relatório do estudo de 2014,[20] mais completo e cujas fontes de pesquisa foram os registros de 2012, a ONU buscou vincular os homicídios às suas motivações essenciais. Foram ali estabelecidos três grupos de causas para os homicídios: "sociopolíticas", "relações interpessoais" e "derivadas de outros crimes"(*socio-political, interpersonal and related to other criminals activities*).

No primeiro grupo, foram enquadrados os homicídios causados por conflitos civis, a exemplo de disputas étnicas, guerrilhas políticas e atos terroristas que delas decorrem, notadamente em países recém-saídos de conflitos bélicos, internos ou regionais. Este grupo teve como áreas de preponderância países do Leste Europeu, da África e do Oriente Médio.

O segundo grupo se refere aos crimes decorrentes de relações interpessoais, ou seja, justamente o que por aqui se toma por crimes passionais. Para estes, não há uma concentração regional específica, pois podem ser praticados em qualquer lugar do mundo, e sua relevância estatística é maior ou menor de acordo com as taxas dos homicídios cometidos por outras causas. Na Índia, por exemplo, o estudo apontou que os crimes passionais respondiam por 48% do total de homicídios; na Suécia, chegavam a 54%, ao passo que, na Jamaica, eram apenas 5%, sem que, em qualquer dos casos, isso implicasse em maiores ou menores quantidades globais de mortes.

Segundo o relatório do estudo, a realidade brasileira não se encaixa nos dois primeiros grupos, mas no terceiro, integrando-se ao contexto do continente americano, isto é, o de motivação homicida ligada a outros crimes. Isso significa que o nosso quadro criminal tem nos autores de homicídio indivíduos que, habitualmente, já são dedicados às práticas criminosas, sendo os assassinatos que cometem uma derivação delas, como ocorre com freqüência com o tráfico de drogas, que abriga em seu entorno uma série de outros crimes a ele vinculados, tendo por motivação disputas por áreas de domínio, cobrança de dívidas, etc. E é justamente o que se amolda à dificuldade nacional de esclarecimento desses crimes, pois são cometidos num contexto em que o autor já é alguém habituado a escapar das autoridades.

Já no relatório mais recente (2019),[21] a ONU reforçou a divisão dos delitos nos mesmos três grupos primordiais, ali rotulados de *interpersonal homicide, crime-related homicide and sociopolitical homicide*. Mais uma vez, o relatório contextualizou a realidade brasileira em face do nível criminal aqui apurado, com destaque para o fato de abrigar tradicionais organizações criminosas, a maioria originada no sistema prisional,[22] ainda que, desta vez, apenas indicando a necessidade de haver mais pesquisas para que se possa chegar a uma relação direta entre o tráfico de drogas e os homicídios, algo já bastante elementar a quem conhece a nossa realidade.

De qualquer modo, em todos os três relatórios é o fundamental o fato de que em nenhum deles se cogita a possibilidade de que nosso quadro de homicídios derive majoritariamente de crimes passionais. E isso nos maiores estudos com a verdadeira dissecação do quadro de criminalidade, produzidos por uma entidade da qual se origina a tese de desarmamento civil e que até hoje o tem como uma de suas mais caras pautas.

Assim, é possível observar que nem mesmo o mais entusiasta das restrições às armas consegue sustentar a preponderância de crimes passionais em qualquer dado objetivo. Daí se compreende por que o recurso retórico utilizado não são os gráficos e tabelas, mas as alegações genéricas, fincadas nas platitudes imprecisas típicas de quem não quer que a verdade seja revelada.

Contudo, a nossa realidade pode ser objetivamente identificada. Nela o povo convive diariamente com os homicídios, circunstância fomentada pela incapacidade do Estado na efetiva punição dos criminosos, que prosseguem retirando vidas.

Não somos uma nação de homicidas passionais. A violência brasileira não é questão social, é criminal.[23] Este é o fato.

CAPÍTULO VIII
Estudos desarmamentistas são maioria

Na esteira da retórica generalista, que aponta referências numéricas apenas pelas noções de dimensão, surge mais um dos argumentos desarmamentistas: o de que há mais estudos contra as armas do que a favor. A afirmação é altamente perigosa, pois parte de uma premissa que é, em essência, verdadeira, mas que, ao contrário do alardeado, jamais poderia conduzir ao convencimento desejado.

De fato, caso se faça uma apuração dos mais repercutidos estudos sobre o controle de armas ao redor do mundo, não será difícil concluir que, em sua maioria, eles apontam benefícios na restrição do acesso às armas. Em 2017, essa alegação ganhou destaque por uma meta-análise produzida pelo pesquisador Thomas Conti, vinculado ao INSPER, que depurou resultados de 61 estudos sobre o tema,[24] concluindo que, na maioria deles, as restrições às armas indicavam efeitos positivos para a segurança pública. Imediatamente, adeptos do desarmamento passaram a tomar a idéia como algo cientificamente comprovado. Mas isso é falso.

Inicialmente, é preciso entender o que significa uma meta-análise, que não traduz um estudo científico em suas fases de aplicação (observação, levantamento da hipótese, experimentação, criação da regra e elaboração da teoria), mas uma mera apuração quantitativa desses estudos. Faz-se uma seleção de estudos — por critérios que não são rígidos ou predefinidos quanto ao universo de amostragem —, e simplesmente se aponta em que direção seguem as suas conclusões.

É, sem dúvida, um elemento válido na pesquisa científica, mas não serve para chancelar ou refutar as conclusões do que quer que seja, sobretudo porque, diferente do que pode parecer aos menos familiarizados com o tema, a meta-análise não revisa as metodologias de cada estudo, apenas computa seus resultados.

Justamente por isso, um dos maiores fatores de contaminação das meta-análises está na fonte de seleção dos estudos a serem considerados. Se o pesquisador vai promover um levantamento sobre determinada controvérsia e, para selecionar suas fontes, recorre a um determinado nicho em que já se estabelece uma vertente de conclusão definida, a probabilidade de a compilação se adequar ao mesmo resultado daquele nicho é substancialmente maior, transformando a pesquisa em mero viés de confirmação, sem exposição a contradições legítimas.

No Dossiê (Conti), por exemplo, para os dados de pesquisa no Brasil — foco da nossa abordagem —, o autor foi claro ao apontar ter incluído não estudos acadêmicos revisados por pares, e sim "mais relatórios técnicos, dada a importância das pesquisas em segurança pública realizadas pelo IPEA, em grande parte encabeçadas pelo economista Daniel Cerqueira (FGV)". Ou seja, em relação aos dados brasileiros, a fonte primordial do levantamento foi o trabalho de um único pesquisador, que já assume viés ferrenhamente desarmamentista e que, ao longo de alguns anos, produziu sucessivas edições de suas teorias. Na meta-análise, esses estudos, mesmo advindo de uma única fonte com uma posição já firmada, são computados diversas vezes, contaminando inegavelmente o universo de seleção e, conseqüentemente, suas conclusões.

Não é demais relembrar que um dos estudos mais festejados de Cerqueira consiste na tentativa de se estabelecer uma relação percentual direta entre armas em circulação e assassinatos, no qual se teria alcançado a conclusão de que, a cada 1% de aumento nas armas em circulação, há 2% a mais de homicídios. O problema é que, se computados os dados oficialmente disponíveis no país, não existe a mínima possibilidade de validação para essa proporção.

A análise detalhada desses números, entre 2001 e 2009, foi registrada no ensaio "Aquele 1%", com a expressa conclusão de que, ali, "há intervalos com queda na venda de armas e aumento nos homicídios; de aumento nas vendas e queda desses crimes letais; e de aumentos e diminuições conjuntas. A única coisa que não há é um só período em que a variação na venda de armas tenha se estabelecido na proporção de 1% dela para 2% dos homicídios".[25]

É também de Cerqueira o protagonismo em uma curiosa passagem do embate argumentativo sobre armas no Brasil. Após a publicação de um estudo a respeito dos dados preliminares do DATASUS para 2019[26] e sua repercussão em alguns canais de mídia, o técnico do IPEA participou de uma "checagem de fatos" promovida pelo Projeto Comprova, na qual, para desqualificar as conclusões daquele estudo, afirmou que "o pesquisador que faz análise com dado preliminar está cometendo um erro grosseiro e, por isso, qualquer análise dessa natureza não pode ser levada a sério". O inusitado, neste caso, é que Cerqueira foi ninguém menos do que o coordenador da nota técnica publicada sob o título Atlas da Violência 2016, analisando a variação de indicadores até o ano de 2014, cujos dados, naquele momento, eram, justamente, preliminares — informação amplamente enfatizada na edição.

Essa postura incoerente, empregada para refutar uma metodologia que ele próprio já adotara,[27] fora assumida não por um apego genuíno aos critérios científicos, mas ao resultado pretendido, o que delineia a sua parcialidade no que diz respeito ao tema.

Nenhum desses fatores, seja a inconsistência da metodologia, seja a incoerência ou parcialidade do autor, é considerado em uma meta-análise, para a qual o que vale é a pura existência formal de um estudo apontando em determinada direção. No caso do Dossiê, isso se tornou ainda mais potencializado pelo fato de que outras publicações de igual natureza, inclusive disponibilizadas em revistas consagradas na área jurídica e com seção própria dedicada ao tema da segurança pública,[28] não foram sequer listadas na meta-análise, dando a entender que, no Brasil, simplesmente não existiriam levantamentos em sentido contrário ao das fontes escolhidas, o que é falso.

Internacionalmente, a realidade não difere quanto à contaminação das fontes. A maioria dos estudos que se invocam como prova de que as restrições às armas são benéficas vem dos Estados Unidos, e há uma explicação muito clara para isso.

Diferente do que ocorre aqui no Brasil, nos Estados Unidos o acesso às armas é uma garantia constitucional. Desde 1791, a Segunda Emenda da Constituição

Norte-Americana prevê a posse de armas como um direito de cada cidadão.[29] Assim, por se tratar de um direito consagrado há mais de duzentos anos, torna-se absolutamente natural que não se forme uma mobilização social permanente em sua defesa, pois não é algo que precise ser conquistado, mas que já se tem garantido.

Do lado oposto, porém, situa-se todo o movimento desarmamentista norte-americano (capitaneado por expoentes do Partido Democrata), que combate o direito de acesso às armas, buscando limitá-lo ou, quem sabe, extingui-lo. Nesse caso, a circunstância é diferente: se existe a busca pela reversão de um direito consagrado há mais de dois séculos, são aqueles que procuram revertê-lo que devem apresentar argumentos capazes de convencer a população de que a mudança será positiva. Aí é que entra a grande maioria dos estudos sobre esse tema.

Como bem delineado pelo pesquisador John Lott Jr. em seu livro *A guerra contra as armas*, há toda uma indústria desarmamentista em atuação nos Estados Unidos, com ramificações diretas na política, na mídia e, também, no meio acadêmico, atuando na conformação de um discurso único de que armas são algo negativo. No meio acadêmico, são recorrentes as produções de estudos que não são fruto do interesse natural dos pesquisadores sobre o tema, mas de verdadeiras encomendas realizadas com o objetivo de se subsidiar o *lobby* antiarmas. Não raro, são abertos editais de pesquisa com esse propósito, sob forte financiamento de entidades historicamente vinculadas à pauta desarmamentista, prevendo até prêmios em dinheiro para os melhores trabalhos. E, embora o prêmio possa ser para o vencedor, todos os estudos produzidos com aquele propósito passam a ser computados como novas pesquisas a favor das restrições, sendo divulgados pela mídia e alardeados pelos políticos como uma forma de convencimento para que tais restrições sejam implantadas na sociedade.

Assim, enquanto os defensores do acesso às armas, acomodados em seu direito secular, tendem a não se interessar por estatísticas ou argumentos que o respaldem, entendendo-os como algo desnecessário, os desarmamentistas seguem se empenhando cada vez mais para, por todos os seus tentáculos de articulação, tentar emplacar novas e maiores restrições.

Conseqüentemente, o fato de se conseguir reunir mais estudos a favor do desarmamento não pode, jamais, ser tomado como prova de que eles estejam certos. No máximo, isso apenas evidencia que existe, sim, um esforço maior de convencimento da parte dos interessados em restringir o acesso às armas, o que, inclusive, pode até ser interpretado como evidência de fragilidade. Afinal, se é algo tão bom e tão comprovado, por que é necessário tanto esforço para se fazer aceitar essa tese?

O mais importante é ressaltar que o interesse em cada estudo precisa estar focado em sua metodologia de pesquisa e no respaldo que possa encontrar na realidade social de que é extraído. No Brasil, tal como demonstrado nos capítulos anteriores, não há qualquer indicador oficial que respalde a tese de que desarmar a sociedade civil, impedindo-a de ter acesso legal às armas de fogo, lhe traga qualquer benefício. E esta é a conclusão, independente de quantos se esforcem para dizer o oposto.

CAPÍTULO IX
Os exemplos mundiais

Quando todos os argumentos invocados pelos desarmamentistas já foram rebatidos, resta-lhes uma "última cartada", que consiste num estratagema que aposta no desconhecimento do interlocutor: os exemplos dos outros países. Funciona como uma fuga honrosa da dialética mais direta, lançando a idéia de que, apesar de tudo o que aqui se possa dizer contra as restrições ao acesso às armas, nos países que adotaram o desarmamento a violência criminal diminuíra. E, como é mais difícil conhecer a realidade desses países, muitas vezes isso é tomado por uma verdade inegável.

O artifício é curioso, pois são selecionados os supostos exemplos bem-sucedidos e ignorados aqueles em que o desarmamento precedeu a instauração de ditaduras ou genocídios. Não se fala na Alemanha nazista, em Cuba ou mesmo na mais recente experiência venezuelana, mas, com ares de profunda convicção, apresentam-se os "fantásticos" resultados advindos da Inglaterra, da Austrália, do Canadá e até da pioneira Jamaica, sempre na crença de que, pela falta de domínio dos respectivos contextos locais, os exemplos distantes transformem-se em indícios de que o mecanismo funciona.

De fato, não é uma tarefa fácil conhecer detalhadamente o exato cenário social de outros países para conseguir rebater sua indicação como um exemplo desarmamentista positivo. No entanto, é possível, sim, apurar o que realmente se pode extrair dessas experiências invocadas como exemplos, ainda que num nível menos profundo do que o de uma análise local.

É isso que veremos a partir deste ponto, com remissões àqueles países que, na história recente, sobretudo após a Segunda Grande Guerra, geralmente são mencionados como ícones de sucesso no que se refere ao desarmamento civil. É importante ressaltar que as análises aqui apresentadas não têm o objetivo de esgotar a realidade de cada uma dessas nações. Esses exemplos serão mencionados apenas com o propósito de evidenciar que existe, sim, forte contraposição argumentantiva à sua utilização como referências bem-sucedidas do desarmamento.

Evidentemente, haveria também outros exemplos além daqueles que serão aqui abordados, dentre os quais se poderiam citar a Irlanda e o Japão,[30] que também aparecem algumas vezes nas indicações de êxito do desarmamento. No entanto, tais indicações não serão feitas, pois, nesses casos, os fatores que motivaram as restrições às armas são de ordem completamente diferente dos outros exemplos, o que os situaria num campo essencialmente histórico e não no da análise de indicadores criminais, o que fugiria ao propósito deste livro, cujas análises são baseadas nas evidências factuais e na apresentação de referenciais numéricos.

Por isso, para manter o foco de análise, optou-se por segmentá-la dentre os exemplos que são invocados em associação com a tese de que as leis mais rígidas, dificultando acesso às armas, teriam promovido determinados efeitos positivos no cenário da criminalidade de cada país.

Jamaica

> *Police and thieves in the street,*
> *Ooh yeah!*
> *Fighting the nation*
> *With their guns and ammunitions.*
> *Police and thieves in the street,*
> *Ooh yeah!*
> *Scaring the nation*
> *With their guns and ammunitions*[31]

Os versos da canção de Junior Murvin e Lee Perry, também gravada pela banda inglesa The Clash, são tidos como um dos mais fiéis retratos poéticos da realidade jamaicana na década de 1970. Ruas tomadas por policiais e criminosos em conflito eram naturais na capital, Kingston, e o grave histórico de disputas entre gangues rivais pelos chamados guetos alçaram a ilha caribenha à condição de candidata ideal ao experimento desarmamentista, tal como modulado[32] pela Organização das Nações Unidas.

Foi nesse contexto que, em 1974, a Jamaica instituiu a proibição geral à posse e ao porte de armas, mediante o Ato da Corte de Armas, o ápice das legislações restritivas iniciadas timidamente em 1967, com a promulgação do Ato das Armas de Fogo, a partir do qual a posse de armas no país passou a ser autorizada apenas por licença específica, mediante pagamento de taxas gradativamente elevadas e sob uma forte fiscalização governamental.

A Corte de Armas jamaicana é uma espécie de tribunal próprio para julgamento de crimes cometidos com armas de fogo e, também, um conselho permanente reunido para debater propostas de medidas voltadas à contenção da criminalidade praticada com uso desses artefatos. A Corte tem uma relevância destacada, não só por sua função institucional, mas também por uma peculiar característica daquele país, onde historicamente sempre foi difícil estabelecer os limites objetivos entre a atuação das gangues e dos partidos políticos, notadamente o Partido Nacional do Povo e o Partido dos Trabalhadores da Jamaica, cujos conflitos, não raro, descambavam para a violência armada.

Apesar de toda a legislação restritiva jamaicana, as gangues não foram afetadas quanto à obtenção de armamento. As leis se mostraram eficazes apenas para a redução da circulação das armas dentre a população civil, mas não provocaram nenhum impacto na possibilidade de acesso às armas de fogo da parte dos criminosos. Na prática, isso gerou um grande desequilíbrio de forças, favorecendo o recrudescimento da violência criminal e o surgimento de um novo problema: a atuação policial como grupos de extermínio.

Com a posse das armas polarizada entre bandidos e polícia, a criminalidade na Jamaica disparou. Ano após ano, os índices de homicídios no país foram se elevando e os dados oficialmente coletados a partir da década de 1990[33] demonstram uma evolução vertiginosa. Em 1995, a taxa de criminalidade no país era de 31,69 por 100 mil habitantes; dez anos depois (2005), alcançava espantosos 62,42/100 mil, a maior do mundo naquele ano.[34]

Mesmo antes do recorde histórico de 2005, o fracasso do desarmamento na Jamaica já era lançado aos olhos do mundo. Em 2001, um episódio emblemático colocou a regulamentação de armas de fogo em evidência no país, chamando a atenção para o erro da estruturação da segurança pública sobre o alicerce desarmamentista.

Era madrugada de 07 de julho de 2001, quando a polícia de Kingston realizou uma grande operação contra traficantes de drogas. Foram utilizados tanques, carros blindados e tropas de choque, na tentativa do governo de restabelecer a ordem numa sociedade corrompida pelo crime. Ao final da operação, as forças de segurança haviam contabilizado nada menos que dez mil disparos efetuados, que tiraram a vida de homens, mulheres e crianças.[35] Nenhum bandido foi morto ou preso e nenhuma arma foi encontrada. Os que morreram não tinham armas.

Poucos dias depois, em 11 de julho, o jornal *The Guardian*, da Inglaterra, estampava em suas páginas o resumo da desastrosa operação, chamando a atenção do mundo para a grave crise de violência criminal da ilha caribenha, onde o desarmamento, iniciado em 1974, se mostrou absolutamente incapaz de conter qualquer avanço da parte dos criminosos. Para os jamaicanos, a conclusão não era novidade. No dia 1º de fevereiro daquele ano, o *Gleaner*, maior jornal de Kingston, já destacava: "Vinte e sete anos depois que a Corte de Armas foi estabelecida como uma divisão do sistema de justiça criminal, as armas ilegais continuam uma praga na sociedade".[36]

A publicação não se referia apenas ao gigantesco arsenal em poder dos criminosos, efeito colateral da desastrosa política de desarmamento. Ele se referia também ao recrudescimento da violência policial. O crescimento desenfreado da criminalidade nos guetos jamaicanos, com as quadrilhas abastecidas de farto armamento, fez com que as polícias passassem a empreender muito mais força para tentar combatê-las, o que resultara em abusos e mais mortes. Além disso, o mercado ilegal de armas se tornou um grande negócio, do qual, graças aos desvios e à corrupção, também participavam a polícia e os políticos, para os quais a proibição às armas tornara-se um forte incentivo às práticas ilegais. Por isso, era comum definir-se a sociedade jamaicana como uma sociedade dominada por criminosos.

Com índices de criminalidade tão altos e o recorde na taxa de homicídios, a questão da segurança pública jamaicana passou a ser acompanhada por organismos internacionais, motivo pelo qual o país fora beneficiado por um processo de repasses financeiros de grande monta, o maior dentre todos os países americanos desde 2009, com mais de 203 milhões de dólares.[37] Houve então uma forte repressão ao tráfico de drogas, cujos efeitos começaram a aparecer já a partir daquele ano, fazendo renascer a esperança de pacificação num país que outrora havia sido referência por sua música e suas atrações turísticas.

Porém, os resultados não se consolidaram. Após alcançar, em 2014, a menor taxa de homicídios desde o ano 2000, com 35,1/100 mil habitantes, os indicadores voltaram a subir fortemente, fechando 2017 nos mesmos patamares de uma década antes, com 57/100 mil. Assim, uma das nações pioneiras na adoção de políticas civis de restrição às armas de fogo continua se destacando pelos maiores índices de violência do mundo.

Evolução da taxa de homicídios na Jamaica entre 1995 e 2005, sob a vigência de restrições a armas de fogo

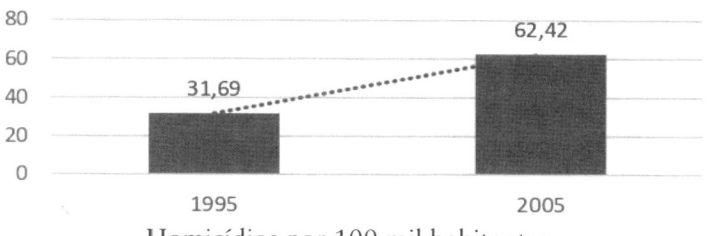

Homicídios por 100 mil habitantes

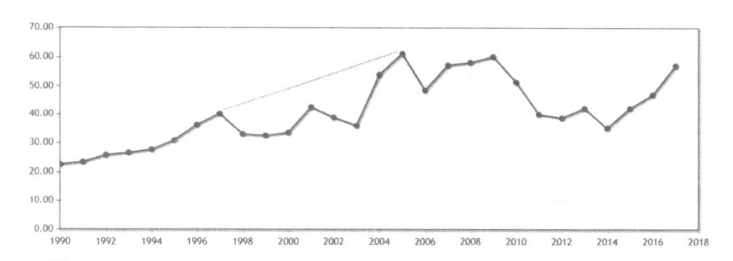

Reino Unido

O fracasso jamaicano nas políticas de desarmamento não impediu que a Grã-Bretanha seguisse o mesmo caminho equivocado. Tomada pela comoção causada pela ação de um psicopata que, em 1996, promoveu um massacre na Escócia,[38] a ilha bretã também resolveu proibir radicalmente a posse de armas de fogo.[39] Como expressão dessa política, inicialmente nenhum cidadão poderia possuir armas com calibre superior ao .22. Em seguida, a proibição se estendeu a todos os calibres.

É fato que, a exemplo de vários outros países, a Inglaterra já possuía um longo histórico na rígida regulamentação da circulação de armas de fogo, mas não sob a égide do banimento, que, na concepção dita moderna do desarmamento civil, tem como referência, sem dúvida, aquela iniciativa de 1996, especialmente pela similitude conceitual com as políticas copiadas por outras nações.

No período posterior ao banimento das armas na Grã-Bretanha, o que ali se viu foi um crescimento maciço nos índices gerais de criminalidade, inclusive nos homicídios. As invasões de residência dispararam, até mesmo com os moradores dentro, e, com essa prática, também cresceram muito os estupros. Assassinatos cometidos por instrumentos até então considerados não-letais seguiram a mesma linha, a ponto de se ter de incluir nas estatísticas oficiais os assassinatos com garrafas e bastões, dado o seu relevo representativo. Essas estatísticas apontam claramente para um crescimento contínuo nos índices globais de homicídios na Grã-Bretanha, não só por arma de fogo, mas também por outros meios — neste caso, alcançando uma variação positiva de aproximadamente quatrocentos por cento. Um número espantoso!

Em outubro de 2009, os dados oficiais do governo inglês apontavam um crescimento de 89% no total de crimes cometidos com armas de fogo em uma década. De 5.209 ocorrências em 1998/1999 (já após o banimento das armas) registraram-se 9.865 casos em 2008/2009.[40] E, contrariando qualquer perspectiva parcial sobre o assunto, também cresceram os crimes intencionalmente letais. Em 1998/1999, foram registrados 864 casos de vítimas fatais de armas de fogo na Inglaterra, número que, dez anos depois, pulou para 1.760, um crescimento de 104%.[41]

De acordo com boletim do Escritório de Estatística do Governo Inglês, em 1996 haviam sido registrados 239 crimes violentos na Grã-Bretanha. Em 2004, o número já era de 846 registros, estabilizando-se por volta dos 600 casos anuais em 2013. Pela mesma fonte, a taxa de homicídios em 1996 foi de 1,14/100 mil habitantes, chegando ao recorde de 1,79/100 mil no período de 2002/2003 e retornando ao mesmo patamar de antes do banimento em 2010, com 1,15 /100 mil.

Os números delineiam o fracasso da legislação proibitiva às armas de fogo, justamente o motivo pelo qual a citação da Grã-Bretanha como exemplo de sucesso no desarmamento revela-se uma grande falácia retórica, infelizmente muito repetida no Brasil. Após esse fracasso, multiplicaram-se no Reino Unido os movimentos sociais pela flexibilização das leis que tratam da posse e do porte de armas, inclusive com alguns resultados, a exemplo da recente admissão, especialmente na Escócia, da posse de tais artefatos para a defesa em áreas rurais.

A força do anseio popular pela mudança nas leis proibitivas passou a ganhar cada vez mais espaço na grande mídia do Reino Unido. Em 2013, o jornal britânico *The Telegraph*, veículo de grande circulação na Inglaterra, realizou uma pesquisa em sua página eletrônica solicitando aos leitores que indicassem, dentre a legislação vigente, qual dispositivo merecia ser revisto.[43] Dos cerca de 30 mil leitores que responderam à enquete, aproximadamente 90% apontaram a revogação da proibição à posse e ao porte de armas. Em janeiro de 2004, numa entrevista ao mesmo periódico, o líder do Partido Independente (UKIP), Nigel Farage, foi enfático ao rotular a proibição de "ridícula", defendendo sua pronta revisão.[44]

Tal posicionamento vem se firmando como grande tendência nas declarações públicas sobre políticas de segurança, principalmente pelo fato de que, para os criminosos, a restrição não surtira nenhum efeito. Independentemente de serem as armas de fogo proibidas ou não, estes, os criminosos, continuam a ter amplo acesso a elas.

As discussões refrearam um pouco a partir do Brexit e, sobretudo, após a pandemia de coronavírus de 2019–2021. No entanto, o tema do armamento civil segue no radar dos britânicos, e os resultados das pesquisas públicas demonstram qual é a opinião do povo a respeito dele. Aliás, foi justamente a constatação de ineficácia da proibição às armas de fogo em evitar o acesso dos criminosos a elas que determinou o enfraquecimento do mito britânico da polícia desarmada, talvez um dos mais difundidos mundialmente.

De fato, boa parte da polícia inglesa ainda atua sem armas. Todavia, essa é uma característica muito mais histórica do que técnica, e que em nada se correlaciona ao desarmamento instituído em 1997, mas sim à criação formal da polícia de Londres em 1829, fato que, à época, encontrou grande resistência sociopolítica.[45] Com um histórico sem registros de muitos delitos, até meados do século XIX a Inglaterra tinha a segurança pública estruturada na atuação dos próprios cidadãos comuns, em grupos que se organizavam e realizavam as atividades inerentes à polícia. Como o modelo funcionava, a sociedade inglesa via a criação de uma entidade policial formal como a expansão da presença do Estado, o que era absolutamente repudiado pela ideologia liberal dominante.

Assim, a criação da primeira força policial vinculada diretamente ao Estado foi resultado de muitos debates e exigiu concessões significativas. Uma delas, engendrada pelo idealizador do modelo, o então Secretário do Interior Robert Peel — que depois veio a ser Primeiro-Ministro —, foi a atuação policial de uma forma, por assim dizer, elegante, com os policiais vestindo um clássico sobretudo, usando cartola e, para não transmitir qualquer sentimento de opressão ao cidadão londrino, sem armas. Só desse modo a criação da Polícia Metropolitana de Londres (MET) foi aprovada e, sendo ela o modelo inicial, copiada para as hoje mais de quarenta organizações policiais britânicas.

A ausência de armas para os policiais não se assentava em nenhuma questão concernente à atuação destes na manutenção da segurança pública. Era apenas uma forma de coibir qualquer sentimento de intimidação da parte do Estado. Na época da criação da força policial os cidadãos não se encontravam sob a égide de legislações que proibiam o acesso às armas. Portanto, tal postura fazia sentido num momento em que não era raro ouvir de um londrino ser preferível perder o dinheiro para um ladrão a perder a liberdade para o Estado, frase repetida em diversos periódicos da época.[46]

Portanto, a afirmação de que a Inglaterra é um país "tão desarmado que 'até' a polícia não usa armas" afigura-se como um grande sofisma, repetido exaustivamente pelos ideólogos desarmamentistas. A política de desarmamento, iniciada em 1997, em nada se correlaciona à atuação policial sem o uso de armas de fogo, iniciada mais de um século antes. E até mesmo essa marcante característica da polícia inglesa vem sendo gradativamente mitigada.

Com bandidos cada vez mais bem armados, combatê-los com cassetetes e *tasers* se tornou, obviamente, um ato temerário. É por isso que hoje a autorização para o porte de arma de fogo em serviço, inicialmente restrita a guarnições especiais que não representavam 5% do total de policiais, já alcança percentuais mais de dez vezes maiores. A equação é simples: com mais bandidos armados, são necessários mais policiais também armados.

Isso nos leva a outro raciocínio: o fato de os bandidos estarem armados escancara o fracasso da política desarmamentista e, por esse motivo, desautoriza completamente o uso da Inglaterra como um exemplo bem-sucedido dela.

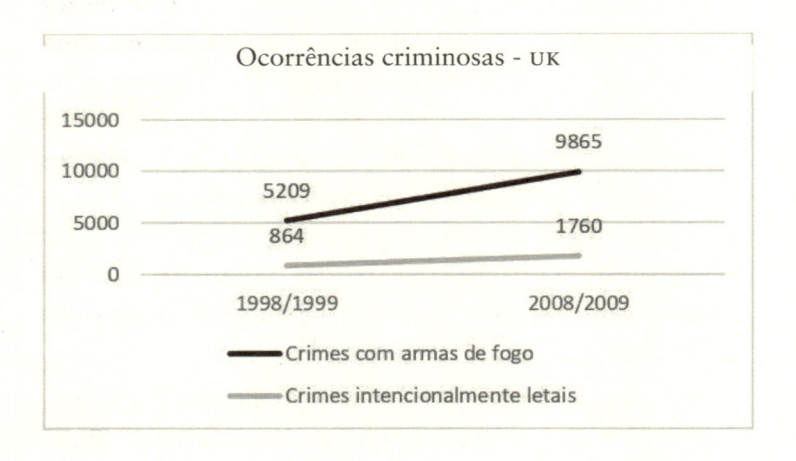

Ocorrências criminosas - UK

	1998/1999	2008/2009
Crimes com armas de fogo	5209	9865
Crimes intencionalmente letais	864	1760

Crimes violentos - UK

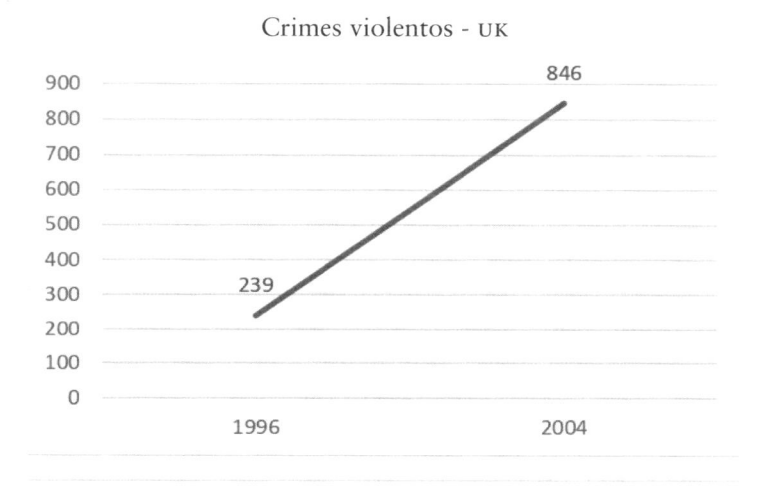

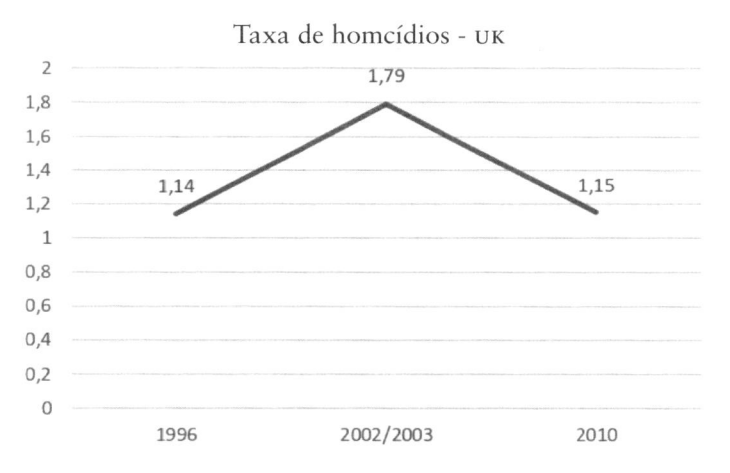

- 1996: 239
- 2004: 846

Taxa de homcídios - UK

- 1996: 1,14
- 2002/2003: 1,79
- 2010: 1,15

Austrália

A Austrália foi outro país que instituiu uma política desarmamentista nos moldes da Inglaterra, inclusive na mesma época e com idêntica motivação comocional. Em 28 de abril de 1996, Martin Bryant, um jovem com sérios distúrbios psiquiátricos, matou 35 pessoas em Port Arthur, na Tasmânia, usando um rifle semi-automático Colt AR-15. Foi o pretexto utilizado pelo Primeiro-Ministro John Howard[47] para banir completamente este tipo de arma, assim como as espingardas de repetição,[48] e estipular rígidas restrições ao acesso do cidadão civil a todo o tipo de arma de fogo.

Entre os anos de 1996 e 1997, o governo australiano gastou mais de US$ 500 milhões no recolhimento e na destruição de armas de fogo. Foram confiscadas aproximadamente 631 mil armas no país, sob a promessa de que se construiria uma sociedade mais segura.

Em outubro de 2002, outro incidente, dessa vez na Universidade de Monash, serviria de justificativa para uma nova proibição, agora às armas curtas, através da chamada Recompra Nacional de Armas Curtas,[49] pela qual as armas eram confiscadas em troca de uma indenização. Iniciada em julho de 2003 e efetivada até dezembro do mesmo ano, o programa recolheu mais de 70 mil armas de porte, com um gasto total de mais de A$ 69 milhões.[50]

O resultado do confisco não foi o esperado. A proibição às armas de fogo na Austrália não promoveu nenhuma redução nos índices de homicídio. Na verdade, tal política passou a ser apontada como facilitadora do crescimento de outras modalidades de crime, especialmente os de natureza patrimonial e sexual. De acordo com os dados do Instituto Australiano de Criminologia,[51] as curvas estatísticas dos homicídios no país observam a mesma tendência estável há muitos anos, com variações insignificantes, especialmente no que diz respeito à relação de causalidade normativa.

Em 1993, antes das restrições às armas, o país registrou aproximadamente 300 homicídios, número que se manteve com pequena variação até 1998, com uma leve tendência de alta, e que subiu mais acentuadamente em 1999, já depois da proibição, atingindo seu ápice em 2002, com 366 registros,[52] o que representava uma taxa de 1,9 homicídios para cada 100 mil habitantes. Atualmente, a taxa de mortes intencionais no país é semelhante às da década de 1990, não sendo possível estabelecer qualquer relação direta entre a legislação contra as armas e os referidos crimes.

Por outro lado, as pequenas variações estatísticas verificadas na década de 2000 representam uma evolução contínua, iniciada há pelo menos doze anos, em 1988; ou seja, muito antes de serem implantadas no país as políticas governamentais restritivas à posse e ao porte de armas de fogo. Quando promulgadas as leis proibitivas, a taxa geral de homicídios na Austrália já havia decrescido do patamar de 2,4/100 mil habitantes (1988) para 1,7/100 mil (1996), correspondendo a uma redução de 29,17%. Se considerarmos que, após a proibição, a redução fora de 22,94%, constataremos necessariamente que, após a implantação das políticas antiarmas, a redução na taxa de homicídios foi menor do que durante o período em que as armas de fogo estavam liberadas.[53]

A conclusão é registrada em um dos estudos mais referenciados sobre o tema na Austrália, produzido pela Universidade de Melbourne e que conta com dados sobre homicídios desde 1915. De acordo com seus termos, a experiência de banimento no país "não se traduziu em tangíveis reduções nas mortes por armas de fogo".[54]

Em época mais recente, dois episódios reforçaram o fracasso das políticas restritivas à circulação de armas na Austrália. Em 14 de dezembro de 2014, um fundamentalista religioso armado fez diversos reféns em um café de Sidney, mobilizando um grande cerco policial que terminou com três mortos: duas vítimas e o próprio seqüestrador. Após esse fato, a discussão sobre restrições às armas para civis ganhou novas abordagens, em razão de ter ficado bastante claro, especialmente pelos depoimentos das testemunhas, que a eventual existência de um dos reféns armados — e não só o criminoso — poderia dar outro desfecho ao seqüestro, impedindo que houvesse vítimas inocentes. Ao comentar a ocorrência, Nick Adams, tradicional político australiano, foi enfático: "Os homens maus não podem ser os únicos a andar armados".[55]

Poucos dias depois, uma tragédia causou consternação geral no país: o assassinato de oito crianças de uma mesma família na cidade de Cairns. O criminoso, ligado à mãe das crianças — que também fora ferida na ocasião —, utilizou uma faca e as próprias mãos para os ataques, ao que tudo indica num acesso de fúria. A ausência de armas de fogo na ocorrência foi imediatamente notada, enfraquecendo o discurso de que são estas as responsáveis pelas grandes tragédias e, mais uma vez, levantando dúvidas sobre a possibilidade de defesa das crianças, caso a mãe pudesse estar armada.

As tragédias australianas estão longe de ser exceção. Ao redor do mundo inteiro, especialmente nas nações desarmadas, multiplicam-se ataques fatais sem a presença de armas e outras ocorrências em que sua ausência é apontada como determinante para um final trágico. O Brasil não está excluído. Todos os dias, vemos exemplo de casos como esse sendo repetidos nos noticiários. Um bom exemplo é a tragédia que ocorreu no município de Saudade (SC), quando um indivíduo armado com um facão invadiu uma creche e tirou a vida de três crianças e de duas mulheres. Mulheres que sacrificaram a vida para tentar defender as crianças, mas sem muitos meios eficazes para tanto.

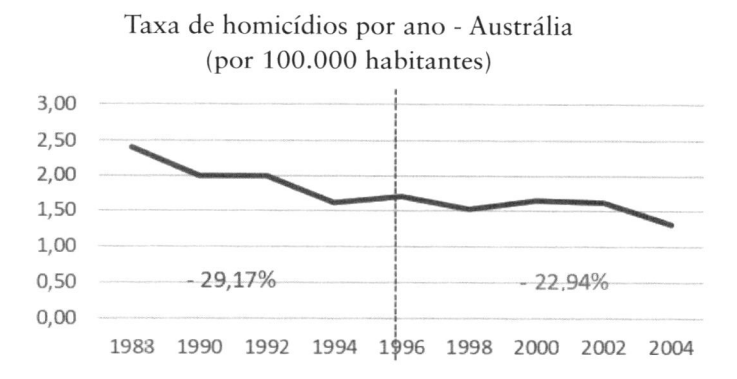

Taxa de homicídios por ano - Austrália
(por 100.000 habitantes)

-29,17% | -22,94%

Canadá

De todos os países nos quais, sob uma concepção de pacificidade social, há regulamentação da circulação de armas de fogo entre os civis, o Canadá é certamente o que possui o maior histórico. E é justamente por isso que devemos observá-lo nessa questão, pois os seus resultados constituem uma grande fonte de dados sobre os sucessos e os fracassos da política desarmamentista, especialmente para o Brasil, em razão da grande similitude que existe entre a evolução legislativa canadense e a sistemática adotada por aqui. Além disso, o estudo do exemplo canadense é igualmente importante para desfazer um mito muito comum a respeito da fantasiosa adesão súbita do país à ideologia do desarmamento, tal como concebida no período posterior à Segunda Guerra Mundial.

Em razão dessas circunstâncias, este exemplo merecerá um aprofundamento um pouco maior em sua análise, para que se possa delinear o histórico do país na fixação de leis sobre armas, traçar sua evolução e, principalmente, observar seus resultados.

No Canadá, o marco legal da regulamentação da circulação das armas de fogo ocorrera em 1934, com a instituição do "registro obrigatório para armas curtas" — portanto, ocorrera muito antes da tese de microdesarmamento da ONU. Porém, desde bem antes dessa data o Poder Judiciário e outras leis menos específicas já impunham um controle sobre as armas, numa evolução de entendimentos registrados desde 1892.[56]

Antes da edição do primeiro código penal canadense (datado, justamente, de 1892), o porte de armas pela população demandava uma justificativa, ainda que não fosse prévia. Nesse sistema, qualquer cidadão que fosse flagrado transportando uma arma de fogo sem uma razão plausível[57] era condenado a uma pena de seis meses de prisão, a qual poderia ser anulada mediante uma boa justificativa para tal conduta.

Com a promulgação do código, essa justificativa passou a ser previamente exigida, como uma permissão básica para o porte (*certificate of exemption*). Contudo, essa exigência era dispensada caso o proprietário da arma tivesse boas razões para temer por sua vida, por sua integridade física ou por seu patrimônio, hipóteses em que se admitia que a obtenção da arma de fogo fosse antecipada sem a providência burocrática. A venda de armas era permitida, exceção feita aos menores de 16 anos.

De 1913 a 1934, o código criminal canadense sofreu algumas alterações no que se refere ao porte de armas de fogo, basicamente, para restringir sua posse regular aos limites da residência ou do local de trabalho do proprietário — num sistema semelhante ao que, anos mais tarde, seria implantado no Brasil, no qual se adotaria a distinção entre posse e porte de arma. Ainda assim, se por um lado a circulação de armas vinha sendo mais controlada, por outro havia uma maior flexibilidade, como a redução da idade mínima para possuir uma arma.

Em 1934, foi implantado no Canadá o primeiro sistema efetivo de registro de armas de fogo, exigido para as armas curtas. O sistema consistia num banco de dados que continha a identificação do proprietário, seu endereço e os dados da arma. O registro era descentralizado, ficava a cargo dos comissariados da Real Polícia Montada ou dos departamentos de polícia, e era permanente. Quatro anos mais tarde, houve no país o primeiro recadastramento geral de armas curtas, exigindo-se dos proprietários que, a partir de 1939, revalidassem seus registros a cada cinco anos. Nessa época, passou a ser exigido que todas as armas curtas possuíssem número de série.

Durante a Segunda Guerra Mundial (1939–1945), a exigência de registro foi estendida às armas longas (rifles e espingardas), o que seria dispensado logo após o término do conflito. Pouco tempo depois, em 1950, os registros voltaram a ser permanentes, dispensando renovações. No ano seguinte, o banco de dados das armas registradas foi centralizado, sob a gestão da Polícia Montada, e as armas automáticas, mesmo longas, também passaram a necessitar de registro.

Foi entre 1968 e 1969, já após um largo histórico na regulamentação de armas de fogo, que o país adotou um dos mais controversos mecanismos para sua classificação, com a seguinte divisão conceitual: armas comuns, armas de uso restrito e armas de uso proibido. Tratava-se de uma medida muito mais jurídico-legal do que técnica, pois o propósito não era distinguir as armas de acordo com suas características detalhadas, mas sim evitar a necessidade de que cada modelo tivesse uma regulamentação própria. Com a divisão entre esses três grupos, tornou-se possível distinguir igualmente a regulamentação sobre armas em sua exata correspondência, um conjunto de regras para cada classe, bastando incluir em cada uma delas os modelos que vinham sendo ou passassem a ser fabricados.

De 1976 a 1989, a legislação a respeito das armas no Canadá passou por mais algumas modificações, que obtiveram os seguintes resultados: a classificação das armas automáticas, em regra, como proibidas — salvo aquelas que, em razão de sua destinação ou peculiaridades, fossem enquadradas como restritas; a necessidade de prévia licença para a aquisição de armas e munições e a fixação do limite mínimo etário de 18 anos para a obtenção da licença. Ainda assim, menores de 18 anos poderiam ser autorizados à compra de armas mediante licenças especiais, consideradas de menor abrangência.

Entre 1991 e 1994, a sistematização das normas sofre uma nova alteração significativa, com a introdução do Bill C-17,[58] tido como resposta a um ataque com múltiplas vítimas, ocorrido em 06 de dezembro de 1989.[59] O banco de dados sobre registros foi ampliado, passando a exigir a fotografia do proprietário e outras referências pessoais; foi introduzida também a exigência de curso para o manuseio de armas com segurança, seguido de testes, e foi criado um tempo mínimo de espera entre o pedido e a expedição da licença de compra, fixado em 28 dias. Ao mesmo tempo, foram criadas regras para a guarda e o transporte das armas, para seus vendedores e, principalmente, para aquelas consideradas militares e de grande poder de fogo, que tiveram a capacidade de seus carregadores limitada.

Em 1995, com a aprovação do Bill C-68,[60] foi criado o *Firearms Act*, um conjunto de normas legais específicas para armas de fogo. Embora sem mudanças drásticas, trata-se de um marco legislativo, em razão da separação entre a regulamentação das armas de fogo e o código criminal. Dentre as novidades por ele introduzidas, a principal foi a exigência de registro de todas as armas de fogo, incluindo as espingardas e os rifles.[61]

Três anos mais tarde, após uma série de discussões oriundas de propostas do Ministério da Justiça, ao "Ato das Armas" foram incorporadas normas abordando quase todos os aspectos a respeito das armas de fogo, abrangendo sua compra, posse, porte, transporte, exposição, importação, atividades dos clubes de tiro e armas dos agentes públicos. Apenas nessa época a obrigatoriedade de registro de armas longas se tornou efetiva, pois, desde a sua instituição, em 1995, ele sofrera forte resistência da parte dos proprietários.

O recrudescimento das normas causou um imprevisto efeito colateral: o aumento expressivo de armas ilegais no país. Para tentar combater o problema, em 2001 foi criado um programa[62] de combate à ilegalidade, com especialistas de todas as áreas relacionadas ao tema. C programa dedicava uma atenção especial para o rastreamento das armas ilegais. Mas os resultados efetivos da iniciativa nunca foram claramente apresentados. No entanto as normas que a sucederam indicam que o êxito, se existente, fora mínimo.

A partir de janeiro de 2003, todos os comerciantes de armas passaram a precisar de licença específica para suas atividades e o controle regulamentar das armas de fogo foi transferido do Departamento de Justiça para uma agência especialmente criada para isso, com autonomia administrativa. A mudança, contudo, durou apenas até 2006, quando as atividades relacionadas ao *Firearms Act* foram transferidas à Real Polícia Montada, o que resultou, em 2008, na criação do Programa Canadense de Armas de Fogo,[63] ao qual se vinculam, desde então, todos os aspectos atinentes à regulamentação desses artefatos.

A análise da longa evolução legislativa canadense já demonstra que em nenhum momento o país adotou a tese do desarmamento civil, muito menos proibiu a circulação de armas entre a sua população. O fato já seria suficiente para afastar sua utilização como exemplo de desarmamento, pois, quando muito, serve para exemplificar um histórico de regulamentação de armas de fogo, com um viés contínuo de rígido controle, mas sem a tônica proibitiva, que caracteriza a adoção da ideologia antiarmas. Porém, o exemplo canadense é ainda mais profundo.

Ainda que até o início da década de 2010 tenha predominado no Canadá a tendência restritiva na regulamentação das armas de fogo, a análise técnica dos resultados dessa regulamentação começou a se traduzir em mudanças no sentido oposto. Em fevereiro de 2012, o parlamento canadense aprovou a extinção de um dos mais emblemáticos elementos restritivos à posse de armas, consistente no registro de armas longas, instituído definitivamente em 1998. Em 05 de abril de 2012, a norma extintiva virou lei, através do Bill C-19.

O sistema de registro, inicialmente orçado em cerca de dois milhões de dólares canadenses, consumiu mais de dois bilhões e meio durante sua vigência (de aproximadamente 14 anos). E o que havia sido anunciado como instrumento eficaz para a identificação de crimes com armas de fogo se mostrou um enorme fracasso. Ao longo de sua existência, os dados do registro de armas longas serviram para ajudar no esclarecimento de apenas três homicídios e, ainda assim, sem nenhuma conclusão confiável; tanto que os casos permaneceram sob as obscuras possibilidades de terem decorrido de acidentes de caça ou de legítima defesa.

Diante do fracasso, o sistema não só foi abolido, mas também foi fisicamente destruído, com a eliminação do vasto banco de dados de proprietários de armas,[64] reunido por mais de uma década. Na seqüência, após o fim do registro de armas longas, a Canada's National Firearms Association, associação semelhante à NRA,[65] passou a se engajar em flexibilizações ainda mais amplas na regulamentação das armas e das munições, as quais vinham contando com um apoio popular cada vez maior.

Uma nova mudança de rumo ocorreu com a eleição de Justin Trudeau (2015), de viés progressista e adepto das restrições às armas. Valendo-se do apelo comocional causado por incidentes internos, propostas de restrições voltaram a ser fortemente discutidas a partir de 2018, traduzindo-se, já em maio de 2020, numa objetiva investida contra os fuzis de assalto, após um ataque em massa em Nova Scotia, que resultara em 22 mortos.[66]

Os fuzis de assalto foram banidos de circulação no país — ainda que com algumas exceções reservadas aos que já eram proprietários — e, em fevereiro de 2021, abriu-se a possibilidade de que governantes locais fixem suas próprias proibições ao armamento, mas sem que isso tenha se tornado uma diretriz nacional.[67]

Como se percebe, se por muitos anos o Canadá pôde ser invocado como exemplo de legislação instituidora de rígido controle sobre armas e munições, há igualmente outros longos períodos em que essa realidade não prevaleceu, direcionando-se para o sentido oposto, notadamente entre 2012 e 2019. Ao longo de sua experiência, a falta de resultados práticos dos criteriosos sistemas de controle canadenses conduziu o país à flexibilização das normas há muito vigentes. Normas que só são retomadas como fruto de uma plataforma política, motivada por eventos trágicos pontuais.

Quanto aos resultados, o que se pode perceber é que, ao longo de toda a evolução histórica da legislação sobre armas, sendo ela mais branda ou mais rígida, não houve no Canadá nenhum impacto significativo nos índices de criminalidade que pudesse ser diretamente relacionado à legislação. De qualquer forma, os índices criminais canadenses sempre se mantiveram entre um dos menores do mundo. Na verdade, se consideradas esmiuçadamente as variações desses índices, as épocas com mais restrições correspondem a mais ocorrências criminosas, sendo igualmente verdadeira a relação oposta.

Por contraste, um bom exemplo disso pode ser observado nos anos de 1996 e 2012. No primeiro, que coincide com o início da vigência do Ato das Armas — conjunto de normas restritivas —, houve um aumento significativo dos homicídios, em relação ao ano anterior, indo de 588 casos para 635. Já no segundo, correspondente à abolição da exigência do registro de armas longas, o país computou seu menor quantitativo de homicídios em aproximadamente cinquenta anos, com 543 casos, número quase dez por cento menor que o do ano anterior, quando foram vitimadas 598 pessoas.[68]

Portanto, o Canadá não representa um exemplo legítimo de adoção da ideologia desarmamentista. Além disso, o Canadá tem seus principais marcos legislativos sobre armas de fogo associados ao aumento do número de homicídios, ou seja, em sentido oposto ao das normas. Quando da instituição do principal compêndio legislativo com restrições à circulação das armas, os homicídios aumentaram; ao passo que, quando fora abolido o registro de armas longas — a maior flexibilização já registrada —, os homicídios experimentaram uma redução. Quanto às restrições mais impactantes, concernentes aos fuzis, por serem normas muito recentes, não é possível correlacioná-las com qualquer variação objetiva nos indicadores de criminalidade.

Diante desses fatos, o exemplo desarmamentista canadense não passa de um grande mito. Na verdade, o país pode ser incluído no grupo daqueles em que as restrições à circulação de armas não representaram qualquer benefício em termos de segurança pública. E é por isso que, ainda em 2003, ou seja, mesmo antes do exemplo de 2012, um dos mais referenciados estudos sobre os efeitos das legislações restritivas nos índices de criminalidade, produzido exatamente por um instituto canadense, expunha a seguinte conclusão:

> Esta breve análise das leis restritivas às armas mostra que desarmar a população não reduziu a violência criminal em nenhum dos países aqui estudados: não ocorreu na Grã-Bretanha, nem no Canadá, nem na Austrália. Em todos os casos, desarmar a população tem sido ineficaz, caro e muitas vezes contraproducente.[69]

CORRELAÇÃO ENTRE HOMICÍDIOS E MARCOS LEGISLATIVOS CANADENSES SOBRE ARMAS DE FOGO				
Marco	Início da Vigência do *Firearms Act*		Fim do registro de armas longas	
Anos	1995	1996	2011	2012
Homicídios	588	635	598	543
Variação	+ 8,0%		- 9,2%	

Washington D.C. (EUA)

Na contramão da exemplificação genérica sobre supostos êxitos desarmamentistas mundiais, há um caso pontual que é sistematicamente "esquecido" pelos adeptos das restrições e que, justamente por isso, vale ser lembrado como verdadeiro contraponto àquela narrativa. Se aqueles exemplos, quando destrinchados, são inequívocos em apontar o fracasso das iniciativas restritivas contra a violência criminal, o viés oposto apresenta inegável sucesso nesses termos. Pelo menos é o que se colhe do Distrito de Columbia, estado de Washington, nos EUA, sem dúvida um dos objetos de estudo mais emblemáticos, podendo ser tomado como paradigmático.

Em 1977, no Distrito de Columbia, a população foi proibida de ter acesso às armas, numa tentativa de combater os altíssimos índices de criminalidade. Obviamente, tal medida fora tomada sob o entendimento de que armas com a população significariam mais crimes, discurso comum à toda ideologia desarmamentista. Na época, o distrito sofria com uma invasão do tráfico de drogas. A evolução[70] da criminalidade local estava compatível com os índices do resto dos Estados Unidos (até um pouco abaixo destes); o que se esperava com a proibição era provar que a medida provocaria a diminuição dos índices, levando o distrito a se tornar exemplo positivo no combate ao crime, especialmente os violentos.

Porém, não foi isso o que aconteceu.

Durante os mais de trinta anos nos quais vigorara o banimento, o que se viu em Columbia/Washington foi exatamente o contrário: a criminalidade, que crescia em índices compatíveis com os do resto do país, disparou, passando a aumentar seqüencialmente, numa taxa pelo menos três vezes maior do que a média dos demais estados americanos, até atingir a marca de 35 assassinatos por grupo de 100 mil habitantes — o que chegou a ser sete vezes mais do que a média nacional. Era um fracasso claramente evidenciado, o qual, já naquela época, deixava atônitos os idealizadores da proibição, que nela apostavam como fórmula infalível.

Nos cinco anos anteriores à proibição, a taxa de homicídios em Washington vinha apresentando uma curva descendente, indo do elevado número de 37 casos a cada 100 mil habitantes, em 1972, para 27 por 100 mil, em 1977.[71] Nos cinco anos que se seguiram ao banimento, a curva se inverteu, e a taxa atingiu novamente a casa dos 35 assassinatos por 100 mil habitantes.[72]

O crescimento da criminalidade provocado pela proibição das armas não foi a única coisa revelada pela experiência de Washington D.C. Numa segunda fase da "experiência", a realidade social pôde também ser observada: a partir de 2008, a Justiça Americana entendeu que a proibição às armas era inconstitucional e acabou por revogá-la naquele distrito. Logo após essa decisão, um verdadeiro pânico tomou conta de liberais antiarmas, o qual se propagaria pelo discurso de que, se com a proibição a criminalidade crescia três vezes mais do que no resto dos EUA, sem ela se veria uma carnificina.

Obviamente, essa projeção também estava errada. Nos dois primeiros anos após a liberação das armas, houve uma queda vertiginosa na criminalidade. De acordo com os dados oficiais do próprio FBI, em 2009, primeiro ano após a liberação das armas, a taxa de homicídios no estado sofreu uma redução de 25%, um índice extremamente significativo, sobretudo enquanto a média nacional de redução de homicídios foi de apenas 8%, ou seja, menos de 1/3. O mesmo fenômeno se repetiu em 2010 e 2011. Já a análise dos dados computados de 2007 (antes da liberação) a 2011 indica uma redução aproximada da ordem de 42% na taxa de homicídios.[73] [74]

Mais uma vez, as conclusões são irrefutáveis: na prática, a proibição às armas foi acompanhada de um forte crescimento nos crimes em Washington, mais do que a média nacional estadunidense, ao passo que sua liberação correspondeu a uma redução em ritmo recorde. Ainda que se trate de uma correlação — e não de causalidade —, é uma demonstração clara de que as variações simultâneas dos indicadores no mesmo sentido simplesmente não são uma regra.

Se os exemplos mais utilizados como êxitos desarmamentistas são desfeitos com a análise numérica dos seus resultados, ainda que exija algum detalhamento mais técnico, a experiência do Distrito de Columbia é sólida quanto à evidência do seu nítido fracasso.

Taxas de Homicídio em Washington

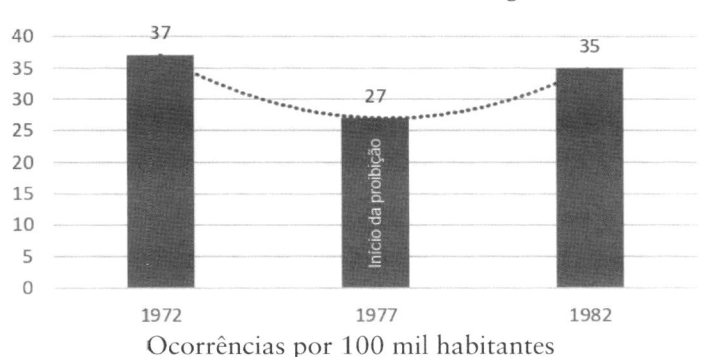

- 1972: 37
- 1977: 27 (Início da proibição)
- 1982: 35

Ocorrências por 100 mil habitantes

Evolução de homicídios em Washington

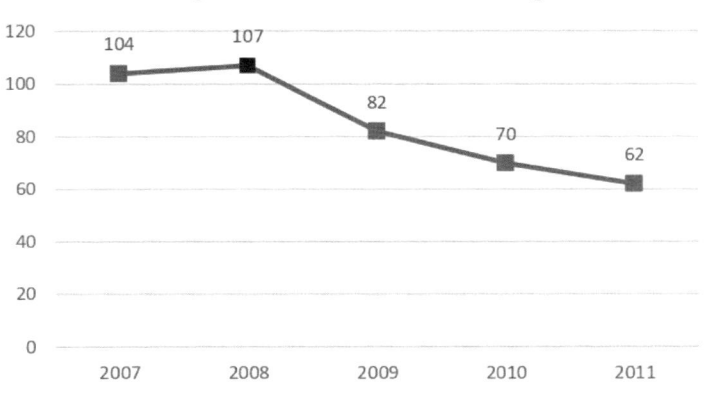

- 2007: 104
- 2008: 107
- 2009: 82
- 2010: 70
- 2011: 62

CAPÍTULO X
Mentiras, mutação dos argumentos e preparação para o futuro

Nos capítulos anteriores, vimos como as teorias que buscam mostrar o desarmamento como algo positivo são geralmente baseadas em falsidades: o alegado marco inicial desarmamentista; as narrativas construídas a partir da matemática do absurdo; os exemplos internacionais invocados como último recurso; enfim, nada do que se afirma como conclusão a favor do desarmamento tem respaldo em provas. Em muitos casos, a contradição do argumento está na sua própria exposição.

No entanto, isso não tem impedido que, ao longo de décadas, os adeptos da proibição às armas sigam moldando seu discurso, adaptando-o à conveniência do momento, mesmo que isso contrarie o que eles mesmos já alegaram. O importante é seguir defendendo a sua posição. Bene Barbosa descreveu com propriedade esse cenário no texto "Os camaleões do desarmamento",[73] que bem exprime como a ideologia contra as armas não é retilínea ou apegada à lógica, mas adaptável ao seu cenário momentâneo, naquilo que se poderia rotular de mimetismo retórico.

Recentemente, um exemplo deixou isso bem claro. No Brasil, por muitos anos a teoria antiarmas teve como argumento primordial o fato (mentiroso) de que bastou o Estatuto do Desarmamento entrar em vigor para que as mortes ocasionadas por armas de fogo fossem reduzidas. O ano de 2004, com 5% menos homicídios do que em 2003, era a prova cabal disso.[74] Porém, quando a análise dos dados de 2017 a 2019 foi divulgada em um estudo[75] do Centro de Pesquisa em Direito e Segurança (CEPEDES), evidenciando que a explosão na venda de armas foi acompanhada de uma redução recorde na taxa de homicídios, o argumento mudou como num passe de mágica. Agora, os desarmamentistas passaram a defender a idéia de que o impacto da circulação de armas na sociedade não é imediato — como eles acreditavam em 2004 —, ele só seria sentido depois de décadas.[76]

É uma armadilha retórica cujo objetivo é o de tornar-se imune ao erro. Se há desarmamento e os crimes caem, está "provado" que o efeito é positivo e imediato; se há mais armamento e os crimes caem mais ainda, aí a relação só pode ser medida a longo prazo. É só uma questão de escolher a hora para que a tese seja usada.

Ao fechamento desta edição (maio de 2021), por exemplo, a próxima adaptação do discurso já se desenhava, com a revelação sutil do argumento "guardado" para utilização oportuna. Após ignorar completamente, em todas as coberturas do tema, que os anos de 2018 e 2019 apresentaram sucessivos recordes na queda de homicídios (-12,29% e -21,25%), justamente quando a venda de armas explodiu,[77] apenas se aguardava a consolidação dos números de 2020,[78] para se alegar que voltaram a subir e os vincular à maior flexibilização burocrática no acesso às armas.[79] Na análise, nenhuma referência ao fato de que qualquer aumento neste ano se daria depois de mais de 33% de redução no biênio imediatamente antecedente, o de recordes em sentidos opostos.

Por aí é possível observar que, conforme o ambiente ou a conveniência, os desarmamentistas mudam seus argumentos sem qualquer tipo de constrangimento. Para piorar, eles atuam sob uma forte articulação de diversas entidades que patrocinam a sua causa. Quando uma delas é desmoralizada por suas sandices, outra assume o debate, como se não tivesse acontecido nada. Por vezes, a sensação é de luta permanente com a Hidra de Lerna,[80] num processo contínuo em que, a cada falácia desconstituída, surgem duas outras em seu lugar.

É por isso que é fundamental estar preparado para o confronto de idéias. Não apenas para desfazer as narrativas pautadas em mentiras, mas também para expor os mentirosos ao ridículo. Suas inverdades e a sua falta de compromisso com os fatos objetivos precisam ser expostos já no início de qualquer discussão, para que o debate seja constrangedor para a parte desonesta. Aceitar o debate a partir de mentiras já é sair perdendo. Daí a enorme importância de se conhecer os dados reais, as metodologias da mentira e até mesmo de se antever a próxima adaptação do discurso que será operada. Espera-se que a presente obra tenha contribuído para isso.

Bibliografia

BARBOSA, Bene. *Sobre armas, leis e loucos*. Campinas, SP: Vide Editorial, 2021.

FERNANDES, Rubem César. *Brasil: as armas e as vítimas*. Rio de Janeiro: 7Letras, 2005.

HALBROOK, Stephen P. *Hitler e o Desarmamento: como o nazismo desarmou os judeus e os "inimigos do Reich"*. Campinas, SP: Vide Editorial, 2017.

LOTT JR., John R. *A guerra contra as armas — Como proteger-se das mentiras dos desarmamentistas*. Campinas. SP: Vide Editorial, 2019.

LOTT JR., John R. *Mais Armas, Menos Crimes?*. São Paulo: Makron Books, 1999.

LOTT JR., John R. *Preconceito contra as armas: por que quase tudo o que você ouviu sobre o controle de armas está errado*. Campinas, SP: Vide Editorial, 2015.

MALCOM, Joyce Lee. *Violência e Armas: A Experiência Inglesa*. Campinas, SP: Vide Editorial, 2014.

PESSI, Diego; GIARDIN, Leonardo. *Bandidolatria e democídio: ensaio sobre o garantismo penal e a criminalidade no Brasil*. São Luís, MA: Livraria Resistência Cultural Editora, 2017.

QUINTELA, Flávio; BARBOSA, Bene. *Mentiram para mim sobre o desarmamento*. Campinas, SP: Vide Editorial, 2015.

REBELO, Fabricio. *Articulando em Segurança: contrapontos ao desarmamento civil*. 3ed. rev., amp. São José dos Campos: Burke Editorial, 2019.

Notas

1 Projeto de lei do Senado.

2 O art. 35 da lei 10826/03 previu a realização de um referendo para o banimento do comércio de armas de fogo e munições.

3 Canal televisivo vinculado ao Poder Legislativo Nacional.

4 São José do Campos: Burke Editorial, 2019.

5 Lei nº 10.826/03 — o Estatuto do Desarmamento.

6 Em 23 de outubro de 2005, cumprindo previsão da própria lei, a população brasileira votou em um referendo popular que continha a pergunta: "O comércio de armas de fogo e munições deve ser proibido no Brasil?". Como resultado, 59.109.265 votos responderam "não" (63,94%), enquanto 33.333.045 votaram "sim" (36,06%).

7 Lei das contravenções penais, art. 19.

8 Referencial a ser igualmente considerado nas demais análises contidas neste livro concernentes à elevação dos indicadores de homicídios.

9 *Spurious Correlations*. http://tylervigen.com/spurious-correlations.

10 Na edição original do Mapa da Violência 2016, embora o cálculo do ritmo de crescimento de homicídios tenha expressamente apontado como resultado o percentual

de 7,8% ao ano, conforme transcrito neste capítulo, a representação gráfica ali utilizada, por motivação desconhecida e que não é sequer sinalizada no estudo, utilizou valores distintos para a sua projeção. Como não é possível apurar as razões dessa ocorrência, para fins de validação científica utilizamos, nesta obra, os valores que estão expressamente descritos na metodologia.

11 Recorte extraído diretamente do infográfico *Segurança Pública em Números 2018*, publicado pelo Fórum Brasileiro de Segurança Pública e disponível em: https://www.forumseguranca.org.br/wp-content/uploads/2019/02/Infografico_an12_atualizado.pdf.

12 https://www.mpmg.mp.br/comunicacao/campanhas/conte-ate-10-paz-essa-e-a-atitude.htm.

13 https://sao-paulo.estadao.com.br/noticias/geral,rio-soma-60-mil-homicidios-a-esclarecer-em-10-anos-imp-,743007.

14 Sou da paz. *Nexo I Qual a Taxa de Esclarecimento de Assassinatos no Brasil*. http://soudapaz.org/noticias/nexo-qual-a-taxa-de-esclarecimento-de-assassinatos-no-brasil/. Acesso em 07/05/2021.

15 Fantástico. *Levantamento inédito: sete em cada dez homicídios no Brasil ficam sem solução*. https://g1.globo.com/fantastico/noticia/2020/09/27/levantamento-inedito-sete-em-cada-dez-homicidios-no-brasil-ficam-sem-solucao.ghtml. Acesso em 07/05/2021.

16 MPPR. *Motivação dos crimes de homicídios*. https://crianca.mppr.mp.br/modules/conteudo/conteudo.php?-conteudo=1321. Acesso em 06/05/2021.

17 UNODC. *Global Study on Homicide*, 2011. https://www.unodc.org/documents/data-and-analysis/statistics/Homicide/Globa_study_on_homicide_2011_web.pdf. Acesso em 09/05/2021.

18 "Firearms undoubtedly drive homicide increases in certain regions and where they do members of organized criminal groups are often those who pull the trigger". (*Global Study on Homicide*, 2011; p. 10).

19 "In addition, from a global perspective, the significant order of magnitude difference between global estimates of civilian firearm ownership (hundreds of millions, according to estimates by Small Arms Survey, 2007) and annual firearm homicides (hundreds of thousands) indicates that the majority of civilian firearms are not misused and are owned for legitimate purposes". (*Global Study on Homicide*, 2011; p. 44).

20 UNODC. *Global Study on Homicide*, 2013. https://www.unodc.org/documents/gsh/pdfs/2014_GLOBAL_HOMICIDE_BOOK_web.pdf.

21 UNODC. *Global Study on Homicide*, 2019. https://www.unodc.org/documents/data-and-analysis/gsh/Booklet_3.pdf.

22 "The country is also home to some long-established gangs, the largest of which trace their origins to the prison system" (p. 60).

23 Título de um dos ensaios que compõem a coletânea *Articulando em Segurança: contrapontos ao desarmamento civil* (REBELO, Fabricio. 3ª ed., rev., ampl. São José dos Campos: Burke Editorial, 2019).

24 "Dossiê Armas, Crimes e Violência: o que nos dizem 61 pesquisas recentes". http://thomasvconti.com.br/2017/dossie-armas-violencia-e-crimes-o-que-nos-dizem-61-pesquisas-recentes/#revisao.

25 REBELO, Fabricio. *Articulando em Segurança: contrapontos ao desarmamento civil*. 3ª ed. rev., amp. São José dos Campos: Burke Editorial, 2019; p. 273.

26 REBELO, Fabricio. "Homicídios com arma de fogo atingem menor nível desde 1999". Disponível em: https://www.cepedes.org/2020/09/homicidios-com-arma-de-fogo-sao-os.html. Data de Publicação: 15/09/2020. Acesso em 05/05/2021.

27 Os detalhes do episódio podem ser conferidos em publicação do portal *Senso Incomum*: https://sensoincomum.org/2020/10/01/projeto-comprova-usa-opiniao-para-fazer-censura-travestida-de-fact-checking/.

28 Ex vi Revista *Jus Navigandi* (ISSN 1518–4862), onde o próprio autor desta obra tem publicados dezenas de artigos certificados, dentre os quais muitos com abordagem sobre a relação entre armas e crimes.

29 "A well regulated Militia, being necessary to the security of a free State, the right of the people to keep and bear Arms shall not be infringed".

30 V. *Cada Minuto*. "Japão: desarmamento, opressão, dominação e a incapacidade de defesa de uma nação". https://www.cadaminuto.com.br/noticia/2016/11/01/japao-desarmamento-opressao-dominacao-e-a-incapacidade-de-defesa-de-uma-nacao. Acesso em 07/05/2021.

31 MURVIN, Junior e PERRY, Lee. *Police & Thieves*.

32 A tese de desarmamento civil deriva de uma adaptação feita pela ONU da proposta de desmilitarização global. A manobra é descrita no texto introdutório da coletânea *Articulando em Segurança*, do mesmo autor.

33 Não havia tradição jamaicana de compilar oficialmente dados sobre homicídios em época anterior.

34 "Jamaican homicide rate". *Index Mundi*, 1995–2011. http://www.indexmundi.com/facts/jamaica/homicide-rate.

35 KOPEL, Dave, GALLANT, Paul e EISEN. "Despedida da Jamaica: As conseqüências da proibição de armas". Independence Institute, 2001.

36 Id.

37 Oriundos do *Caribbean Basin Security Iniciative*, mantido pelo Departamento de Estado dos Estados Unidos.

38 Em 13 de março de 1996, em Dunblane, o ex-líder escoteiro Thomas Watt Hamilton, de 43 anos, invadiu um ginásio, matou 16 crianças e uma professora e se suicidou em seguida.

39 A Inglaterra já possuía leis de controle de armas desde 1698, mas a primeira lei de desarmamento amplo surgiu somente em 1997.

40 **Daily Mail — Mail Online,** 27 de outubro de 2009. "Culture of violence: Gun crime goes up by 89% in a decade". Disponível em: http://www.dailymail.co.uk/news/article-1223193/Culture-violence-Gun-crime-goes-89-decade.html.

41 Id.

42 Office for National Statistics. http://www.ons.gov.uk/ons/index.html.

43 *The Telegraph*. "Telegraph new law competition: vote now". Política, Londres, 24 de maio de 2013. Disponível em: http://www.telegraph.co.uk/news/politics/10071072/Telegraph-new-law-competition-vote-now.html. Acesso em 16/02/2014.

44 http://www.telegraph.co.uk/news/politics/ukip/10595087/Hand-guns-should-be-legalised-and-licensed-Nigel-Farage-has-said.html.

45 ROLIM, Marcos. "A polícia inglesa - i". In: *Âmbito Jurídico*, Rio Grande, vi, n. 14, ago. 2003.

46 Op. cit. 18.

47 Exerceu o cargo de 11/mar/1996 a 03/dez/2007.

48 Armas longas com múltipla capacidade de disparos, alimentadas por ação manual do atirador, como as *pump*.

49 National Handgun Buyback Act of 2003.

50 Em dólares australianos.

51 O Australian Institute of Criminology é um órgão oficial do governo australiano, responsável pelo acompanhamento estatístico e promoção de estudos em criminologia e justiça.

52 *Global Study on Homicide*, 2013. UNODC / ONU.

53 V. gráfico ao final do tópico.

54 *The Australian Firearms Buyback and Its Effect on Gun Deaths*, p. 24.

55 "Bad guys should not be the only people that carry guns" — *International Business Times*; "Sidney Siege Aftermath: Australias Gun Laws May Be Under Review", 17 de dezembro de 2014, disponível em: http://au.ibtimes.com/articles/576358/20141217/australia-gun-laws-sydney-siege.htm#.VJgijF4Bds.

56 Royal Canadian Mounted Police. "History of Firearms Control in Canada: Up and Including the Firearms Act".

57 Entendia-se como justificativa para a posse de armas um fundado receio de ataque contra a vida ou a propriedade de quem a detinha.

58 Norma legal que se equipara parcialmente aos decretos e medidas provisórias do sistema legislativo brasileiro, os quais podem viger autonomamente ou serem submetidos ao Congresso, que, por sua vez, pode alterá-los, revogá-los ou ratificá-los.

59 No episódio, Marc Lepine invadiu o prédio da faculdade de engenharia da Universidade de Montreal, matou 14 mulheres e deixou outros 13 estudantes feridos.

60 "Ato das Armas".

61 Sistema que, depois de mais de uma década vigente, se revelou inócuo e acabou sendo extinto.

62 The National Weapons Enforcement Support Team (NWEST).

63 Canada Firearms Program.

64 Atualmente, a NFA (National Firearms Association) canadense segue denunciando o uso indevido, pela polícia, do banco de dados com o registro de armas longas, que, ao menos oficialmente, fora destruído com a vigência do Bill C-19.

65 National Rifle Association.

66 https://edition.cnn.com/2020/04/29/americas/nova-scotia-shooting-investi- gation/index.html.

67 https://edition.cnn.com/2021/02/16/americas/canada-handgun-ban/in- dex.html.

68 Fonte: Statistics Canada / Government of Canada — www.statcan.gc.ca.

69 Mauser, Gary A. "The Failed Experiment — Gun Control and Public Safety in Canada, Australia, England and Wales". Fraser Institute, Canada.

70 Variação ascendente ou descendente, tomando por base os parâmetros anteriores, e não o número absoluto de ocorrências, que já se encontrava num patamar bastante elevado.

71 V. gráfico ao final do tópico.

72 "Gun decrease murder rates". *The Washington Times*, 21 de janeiro de 2010. Disponível em: http://www.washingtonti-mes. com/news/2010/jan/21/guns-decrease-murder-rates.

73 https://www.gazetadopovo.com.br/opiniao/artigos/os-camaleoes-do-desarmamento-cdo6xnbjba3ky6pna-42d0oksu/.

74 *Folha de S. Paulo.* "Índice de assassinatos caiu 5% em 2004". https://www1.folha.uol.com.br/fsp/cotidian/ff2802 200709.htm. Acesso em 07/05/2021.

75 CEPEDES. Homicídios com arma de fogo atingem menor nível desde 1999. https://www.cepedes.org/2020/09/homicidios-com-arma-de-fogo-sao-os.html. Acesso em 07/05/2021.

76 Senso Incomum. *Projeto "Comprova" usa opinião para fazer censura travestida de "fact-checking"*. https://sensoincomum.org/2020/10/01/projeto-comprova-usa-opiniao-para-fazer-censura-travestida-de-fact-checking/. Acesso em 07/05/2021.

77 V. Capítulo v.

78 Os números oficiais (DATASUS) são normalmente divulgados quinze meses depois do ano de ocorrência.

79 *O Globo.* "Brasil registra alta de 5% no número de assassinatos em 2020, aponta levantamento". https://oglobo.globo.com/brasil/brasil-registra-alta-de-5-no-numero-de-assassinatos-em-2020-aponta-levantamento-24881426. Acesso em 07/05/2021.

80 Personagem da mitologia grega que possuía várias cabeças, as quais, se fossem cortadas, geravam outras duas em seu lugar.

Este livro foi impresso pela Gráfica Ferrari Daiko. O tipo usado para este livro foi Sabon Std. O miolo foi feito com papel *chambrill avena* 80g, e a capa com cartão triplex 250g.